आत्म संगीत

AF664572

रमेश अरोड़ा

डायमंड बुक्स

www.diamondbook.in

प्रकाशक : डायमंड पॉकेट बुक्स (प्रा.) लि.
X-30 ओखला इंडस्ट्रियल एरिया, फेस -II
नई दिल्ली- 110020
फोन : 011-40712200
ई-मेल : sales@dpb.in
वेबसाइट : www.diamondbook.in
संस्करण : 2023

Aatm Sangeet
by Ramesh Arora

समर्पण

श्री माता जी आपकी प्रेरणा से निकली आत्मा
की आवाज आपके चरणों में समर्पित

अर्पण

श्रीमती पुष्पा देवी एवं श्री केशौ राम अरोड़ा
(माता-पिता) की याद में

लेखक की कलम से

रचनाकार बहुत विशाल है, असीम है, आदि है, अनन्त है। व्यक्ति भी उसी रचनाकार का अंश है। उसकी दिव्य शक्तियां कुछ सालों तक अपने साथ लेकर चलता है। रचनाकार की पहचान अनेकों ने अनेक प्रकार से अपने अनुभव के आधार पर बताने की कोशिश की है। यह काव्य भी उसी प्रयास की ओर एक कदम है।

आज जब भी उस रचनाकार की रचनाओं को अपने अन्तः करण से निकलते देखता हूँ तो साफ-साफ प्रतीत होता है कि मैं स्वयं नहीं लिख रहा, कोई तो मुझसे लिखवा रहा है और अन्दर के भावों को वो शैली प्रदान कर रहा है।

अपनी लिखी, खुद ने न सुनी- तो बहरों को सुनाने का फायदा क्या? मैं स्वयं तो कलम नहीं उठा सकता यह कौन है जो किस्से लिखवा रहा है।

इस कारण अब उस रचनाकार की इच्छा समझ में आने लगी है और शायद आपको भी उसी असीम आनन्द में ले जाने को आतुर है। मेरा यकीन करें या न करें, स्वयं का कर लें। इस कविता संग्रह को पढ़ने के बाद आपको स्वयं अपने अन्दर की आवाज सुनाई देने लगेगी। अगर आपकी इच्छा शक्ति आपके पास है तो?

माँ निर्मला देवी जिसे सब श्री माता जी कहकर, सहज में पुकारते, पाते और अपनाते हैं मेरे जीवन की दिशा और दशा भी वो निश्चत कर रही हैं। मैं उनकी प्रेरणा शक्ति का आभारी हूँ। यह पुस्तक उन्हीं के आशीर्वाद से अपने स्वर्गीय माता-पिता को समर्पित कर रहा हूँ।

श्रीमती पुष्पा देवी सपुत्री हंसराज अरोड़ा जी एवं श्री केशौ राम सपुत्र श्री प्रेम चन्द। मेरे माता-पिता ने संसारिक रूप से मुझे जन्म दिया। मैं अपने माता-पिता का ऋण तो नहीं चुका सकता हूँ, परंतु उनका आभार प्रकट करता हूँ। अपनी आत्मा की गहराईयों से उनको प्रणाम कर रहा हूँ।

आज पहली बार स्वयं का लिखा आनन्द देने लगा है। माँ की लोरी बिना शब्दों के सारी बातें बोल रही है। ब्रह्माण्ड में छुपे रहस्यों को बिन बोले ही खोल रही है।" इसके साथ

“खुदा ने बनाया खुदा बन बैठे”, “आदमी को आदमी बनने में देर हो जाती है अक्सर- इन्सान बनके चलना बड़ी बात है।”

“मैं समुन्द्र हूँ गहरा सब कुछ समेटे हुए बरगद का पेड़ हूँ, वक्त को लपेटे हुए” ऐसे अन्य प्रकार के भाव व पक्तियां इस पुस्तक में आपको पढ़ने में मिल जाएंगी।

बहन सरितारीन, बृज मोहन, धर्म पत्नी प्रतिभा व परिवार के लोगों का आभार प्रकट करता हूँ उन सबके सहयोग से सब सम्भव हो पाया है।

श्री मनोज सिन्हा जो उपराज्यपाल जम्मू-कश्मीर हैं, डॉ. जितेंद्र सिंह केंद्रीय मंत्री पी.एम.ओ नई दिल्ली, श्री मनोहर लाल खट्टर मुख्यमंत्री हरियाणा, राज्यपाल एन.एन. वोहरा, पृतपाल सिंह बेताव लेखक, श्री ललित मंगोत्रा, रूपेश कुमार जी, प्रो. लक्ष्मी कांता चावला, अशोक प्रभाकर, दिनेश रॉय जैसे अनेक व्यक्तियों का आभार प्रकट करता हूँ जिन्होंने पिछली किताबों में अपने संदेश लिखे।

पिछली किताब के लोकार्पण के समय सरदार प्रितपाल सिंह बेताव के शब्द मुझे मार्गदर्शन करते रहेंगे। उन्होंने 'मेरी शायरी तेरी इबादत' के रिलीज के अवसर पर अभिनव थियेटर के अन्दर कहा था कि रमेश अरोड़ा की शायरी संत कबीर व श्री गुरु नानक देव जी की लेखन परम्परा के अनुरूप है। यह शब्द मेरे जीवन में मुझे दिशा देते रहेंगे।

लेखक

रमेश अरोड़ा

Rameshar ora2014@gmail.com

Mob. 9419181516, 7006102807

सब पाठकों को मेरा प्रणाम

प्रस्तावना

रमेश जी जम्मू-कश्मीर जैसे अहिन्दी भाषी प्रांत के एक प्रतिष्ठित हिन्दी कवि हैं। उनकी रचनाएं आस-पास के समाज से उपजी हैं। उनकी रचनाएं मन का द्वार खटखटाती नहीं अपितु सीधी अंतस में जा उतरती हैं। उनका काव्य अनुभूतियों, संवेदनाओं, वात्सलय, रहस्यवादी चिंतन का काव्य है। कवि उस समाज की बात करता है जिसका स्वयं वह हिस्सा है। वह बड़ी सहजता और कुशलता के साथ अपनी रचनाओं, भावनाओं से पाठक को रू-ब-रू करता है। आपको जीवनानुभवों के साथ-साथ कविता में मर्म-संवेदना, सौंदर्य, वात्सल्य, देश-प्रेम, आध्यात्मिक, एकाकीपन, रिश्ते-नाते और मानवी दर्द समेटे अनेकों सजीव चित्र मिलेंगे। इनमें जीवन की विविधताओं का संगीत मिलेगा। आज के परिप्रेक्ष्य में सच को जीती इन कविताओं में व्याप्त भ्रष्टाचार, राजनीतिक चरित्र और सामान्य जन की पीड़ा साफ दिखाई देगी। रमेश जी अनुभूति के कवि हैं। उनकी कविता उनके चिंतन की अभिव्यक्ति है। अनुभूति अभिव्यक्ति को जन्म देती है। अनुभूति जितनी गहरी होगी, कविता उतनी जानदार होगी। कवि मानो समय का गीत गा रहा है। जीवन के कुछ अनछुए पल सामने आते हैं। कविताओं में परिवेश बोलता है। कवि अपने समय और परिवेश की जटिलताओं को जितनी गहनता और व्यापकता में समझता है तथा उसके भीतर व्यक्ति की सत्ता और भूमिका को पहचानता है उतना शायद ही कोई अन्य कर पायेगा। कवि की उपलब्धि व्यक्तिगत नहीं पूरे समाज की उपलब्धि होती है। एक अच्छी कविता विचार और कला की उपलब्धि है। रमेश जी की कविता में आपको गहरी मानवीय संवेदना और नये उपमान मिलेंगे। कवि प्रकृति और पर्यावरण के प्रति अत्यंत जागरूक है। वन, पर्वत, सूर्य, सरिताओं के साथ-साथ आधुनिक समाज की कल्पना से उपजी रचनाएं सीधी अंतस में जा उतरती हैं।

रमेश जी ने परिदृश्य में व्यवस्था के आर-पार देखने का साहस किया है। कवि दोनों ही स्वरूपों में पूरा उतरता है। कवि-कर्म व्यक्तिगत होते हुए भी सामूहिक कार्य है। वह

सामाजिक स्थितियां देख दुखी अवश्य होता है, लेकिन निराश नहीं। इन कविताओं में सौंदर्य है, माधुर्य है, सुन्दर शब्द चित्र हैं।

वात्सल्य से ओत-प्रोत एक अनुपम चित्र देखेंगे। रिश्तों के शब्दकोष में दो अक्षरों का सबसे छोटा पर सबसे सार्थक शब्द है- माँ

''माँ की लोरी बिन शब्दों के
सारी बातें बोल रही है
ब्रह्माण्ड में छुपे सब रहस्यों को
बिन बोले ही खोल रही हैं।''

जहां मानवीय संवदेना, भूख-प्यास और मानसिक पीड़ा है, वहां आत्म-सम्मान और खुद्दारी के सजीव चित्र भी आपको मिलेंगे -

''आसमान हूँ, सूरज की रोशनी
अपने साथ लिये चलता हूँ मैं''
या फिर
'मैं समुंद्र हूँ गहरा
बहुत कुछ समेटे हुए।
बरगद का पेड़ हूँ,
अपने में वक्त लपेटे हुए।''

कविताओं में रहस्यवादी चिंतन के कितने ही दृश्य मिलेंगे। एक उदाहरण-

''एक कतरा आव का तूने कैसा पिला दिया,
मुझे अपने घर बुला, मेरा ही घर भुला दिया।''

कवि ने इस नवीन काव्य-संग्रह की रचनाओं में जीवन को सम्पूर्ण रूप से जिया है। अपने परिवेश को चित्रित किया है। समाज के विषय परिवेश से उत्पन्न हुए हैं। सशक्त और जीवन्त अभिव्यक्ति उनके काव्य की विशेषता है। रमेश जी अपनी रचनाओं द्वारा हिन्दी साहित्य जगत में विशिष्ठ स्थान स्थापित करेंगे। ऐसा मेरा विश्वास है।

पद्मश्री डॉ. जितेन्द्र उधमपुरी

अहरणीय रमेश जी

एक राजनेता, एक कवि, एक विचारक एवं एक सामाजिक कार्यकर्ता श्री रमेश अरोड़ा जी द्वारा प्रस्तुत इस कविता संग्रह में हिंदी कविताओं एवं उर्दू शायरी का एक नायाब मिश्रण किया गया है। यह कविताएं एवं शायरी इंसानी संबंधों, जीवन के विभिन्न पहलुओं को प्रस्तुत करती है। इस संग्रह में कहीं भी नकारात्मकता की बात सामने नहीं आती। अपितु एक-एक शब्द जीवन को नई दिशा देने और आत्मविश्वास बढ़ाने की प्रेरणा देता है। रमेश अरोड़ा जी की पहले की रचनाओं की भांति यह संग्रह भी पाठकों को बहुत पसंद आएगा। मैं रमेश अरोड़ा जी को इस प्रयास के लिए बधाई देता हूँ। यह उत्कृष्ट कला का प्रतीक है जो उनके साहित्यक दर्शन को प्रदशित करता है। पाठक इन कविताओं से न केवल सुंदर कविताओं का आनंद ले सकते हैं, अपितु अपने जीवन के लिए उपयोगी ज्ञान भी प्राप्त कर सकते हैं। एक बार फिर कवि को उन्नति एवं स्वस्थ जीवन की कामना के साथ स्नेहपूर्वक बधाई।

धन्यवाद

एम.के. अजातशत्रु सिंह

पूर्व मंत्री (जम्मू-कश्मीर)

विषय सूची

माँ की लोरी

माँ की लोरी - बिन शब्दों के
सारी बातें - बोल रही है
ब्रह्माण्ड में छुपे - सब रहस्यों को
बिन बोले ही - खोल रही है!
माँ की लोरी ......

सब ग्रंथों की सब भाषाओं को
अनुपम धुन में बोल रही है!
प्रेम की भाषा हृदय से निकली
सारे भेद वह खोल रही है!
माँ की लोरी ......

कृष्ण की गीता, राम की वाणी
अनमोल वचन वो बोल रही है!
हृदय कमल खिल-खिल जाए
ऐसे रस फिर घोल रही है!
माँ की लोरी ......

माँ की धुन, मगन मन करती
रक्त बन तन में दौड़ रही है!

बिन शब्दों के सब ग्रंथों के
भेद सारे वह खोल रही है!
माँ की लोरी ......

माँ की भाषा गोद में समझे
कोख रतन अब अनमोल बनी है
अनजाने में माँ अपनी लोरी से
प्यार सारा उड़ेल रही है!
माँ की लोरी ......

सागर भी उड़कर लाँघ सकता है तू

आसमानों की बुलंदियों का कर यकीन
छू लिया, तो ज़मी पर लौट आया कर
माँ से लिपट के, सुकून गोद में मिलता है
ज़िंदगी के सफ़र में, मत भूल जाया कर
आसमानों की बुलंदियों............

फ़रिश्तों ने भी माँ के पैरों में जन्नत पा ली
तू भी उनसे कम नहीं, मत भूल जाया कर
मुश्किलों से निकल के ही, आसान होता है सफ़र
यह सोचकर हादसों में भी मुस्कुराया कर
आसमानों की बुलंदियों............

पांव में बेड़ियां हो तो मज़ा चलने में आता है
पंख नहीं तो भी उड़ सकता है तूं उड़ के दिखा
जिस शिद्दत से दी है, उसने यह ज़िंदगी
उसी शिद्दत से, इसे जी के दिखा
आसमानों की बुलंदियों............

परेशानियों और ग़मों को, हिम्मत से बांध
फिर हल करने का, वचन तू निभा
सागर भी उड़कर, लाँघ सकता है तू
हौसला रखकर, ऊंची छलांग लगा
आसमानों की बुलंदियों............

मौत का मत इंतज़ार कर रमेश
जीने आया है तो, फिर जी कर दिखा
वक़्त रुकता नहीं, हमने जान लिया
हिम्मत रख, वक़्त के आगे दौड़ लगा
आसमानों की बुलंदियों............

चंद रोज का जीना, उम्र समझ बैठे

ख़ुदा ने बनाया, ख़ुदा बन बैठे
क्या करने आए, क्या कर बैठे
बूंद थे हम, समुंदर समझ बैठे
चंद रोज का जीना, उम्र समझ बैठे
ख़ुदा ने बनाया.........

ज़िंदा होने का एहसास, कम हुआ
अपने घर को, दुनिया समझ बैठे
तुमसे मिले नहीं, कोशिश बहुत की
तुम्हें पहचानने का, ज़िक्र कर बैठे
ख़ुदा ने बनाया.........

देखा होता तुम्हें, हमने कभी अगर
खुली आंखें करके, आखिर जाते क्यों
तेरी चाहत हमें और उलझाती ही रही
यह क्या करने आए, क्या कर बैठे
ख़ुदा ने बनाया.........

पंख लगे, अभी उड़ना सीखा था
आसमान देखने का, ज़िक्र कर बैठे
प्यार करना तो अभी, आया नहीं
प्यार पाने का दावा कर बैठे
ख़ुदा ने बनाया.........

ग़फ़लत में थे, जी रहे हम
सबको समझने का, यक़ीन कर बैठे
चलना सीखा होता, तो बात बनती
दौड़ने का हम, दावा कर बैठे
ख़ुदा ने बनाया.........

शायद तू आने लगा है

तेरे आने की महक है
जो बाग मुस्कुराने लगा है
मौसम भी रंग बदल रहा है
हर फूल खिल जाने लगा है

प्यार तेरी परछाई है
हर ओर जो छाई है
हृदय प्रफुल्लित हो जाने लगा है
शायद तू आने लगा है

ऋतु भी बदल रही है
सांस कुछ तेज चल रही है
हर शै समझ आने लगा है
मेरे घर जो तू आने लगा है

कोई अल्लाह कोई राम बुलाने लगा है
आंखों से क्या देखूं दिल बताने लगा है
इस क़दर कब महक होती थी पहले
जो मौसम भी खिल जाने लगा है

मेरे इंतज़ार की हद बताने लगा है
और कौन आ सकता है समझाने लगा है
मेरा तन कहां-कहां ढूंढने जा रहा था
आज इंतजार ख़त्म हो जाने लगा है

अपनी पहचान

उम्र अपनी अपने साथ बिताया कर
मेहरबानियां अपनी-अपने पे, लुटाया कर
क्यों तलाश करता रहा, अपने जैसे कि
कोई तेरे जैसा नहीं _ समझ जाया कर
उम्र अपनी......

वक़्त के साथ तू भी बदल ही जाया कर
अपनी पहचान ख़ुद से _ मत छुपाया कर
आईना बना है तेरा _ तेरे ही लिए, समझ
आईना दूसरों को हर वक़्त _ न दिखाया कर
उम्र अपनी......

कौन कहता है तू _अकेला रह गया है
रूह की रोशनी- बुराई का साया, साथ है तेरे
इन्हें देख _ अपने को समझ _ फिर बता
कौन किसके साथ चलता है, समझ जाया कर
उम्र अपनी......

हाथों की हथेली, और उंगलियों के निशान
और ख़ुशबू जिस्म की, कब कहां मिल पाए हैं

तू तो तलाशता है _ अपने सा, अपना कोई
सबके रूप अलग _ इतना समझ जाया कर
उम्र अपनी......

अपनी तो पहचान बनाने लगा है तू
क्या करने आया, क्या कर के जाने लगा है
अपनी हैसियत और असलियत को समझ
फिर औरों को समझाया कर
उम्र अपनी......

आसमानों से उत्तरा आसमानों पर जाएगा
ज़मीन पर अपनी पहचान किसको दिखाएगा
भंवर से निकल-ख़ुद को देख ज़िंदगी बिता
सारे किस्से यह तेरे हैं _ तू ख़ुद को सुनाया कर
उम्र अपनी......

दोस्त की याद में

लो आज हम, मुस्कुराने लगे हैं
महफ़िल में कुछ, सुनाने लगे हैं
हां में हां तू भी मिलाता, तो बात बनती
बस आज तू भी, आता तो बात बनती!

कौन कहता है, तू ख़ामोश हो गया है
आग की लपटों में, जाकर सो गया है
कुछ रोकना, कुछ हमें टोकना, तेरा हक़ था
काश तू हक़, आज भी निभाता, तो बात बनती
लो आज.......................................

दोस्तों की महफ़िल में कब कमी थी
पर तेरे बिन महफ़िल, कब जमी थी
तू भी दोस्ती निभाता, तो बात बनती
आज फिर तू चला आता, तो बात बनती!
लो आज.......................................

आज आंसू भी, मुस्कुराने लगे हैं
पलकों पर आकर, रुक जाने लगे हैं
कुछ तो रोक हमें, कुछ अपनी सुना

गुज़रे वक़्त की तरह, मत याद आ
लो आज.......................................

ज़िंदगी में हम सब दौड़ने लगे हैं
देख सब को पीछे छोड़ने लगे हैं
यादों से निकल, हक़ीक़त में चला आ
हमने कब भूला था तुम्हें, वह पल तो बतला!
लो आज.......................................

तू भी तो अक्सर, दौड़ा करता था
सबको पीछे, छोड़ा करता था
आज कुछ क़दम, साथ चल के दिखा
तू कहां है कैसा है, बस इतना ही बतला!
लो आज.......................................

नोट : राकेश सोफत की याद में

तुम्हें जानने वाले कम हो रहें हैं

जिसे देखा, उसे पहचाना नहीं
जिसे न देखा, उसे ख़ुदा बना दिया!

हमें मिलने अक्सर, आया करो, ख़ुदा
तुम्हें जानने वाले, कम हो रहे हैं!

तेरा घर, मेरे घर से दूर कब था
पलक झपकने से पहले, मिल जाता है तू!

शोर बहुत करते हो, चिल्लाया मत करो
ख़ुदा तलाशने की चीज़ थोड़ी है!

हमने कब भूला था तुम्हें
जो दर्द के बहाने, याद आने लगे हो!

हमने दुनिया को बहुत आज़माया है
जिस किरदार को देखा
उसमें ख़ुद को पाया है!

हर किरदार हमने, ख़ुद ही निभाया है
जहां देखा, वहां तुम्हें, छुपा पाया है!

हर किरदार तूने, ख़ुद ही निभा डाला
जहां चाहा, वहां पर्दा गिरा डाला!

ख़ुदा की ख़ुदाई, हर शह में नज़र आई
जिस शख़्स ने अपने से, आंख मिलाई!

इंसान बन के चलना बड़ी बात है

आदमी को, आदमी बनने में देर होती है अक्सर,
इंसान बन के चलना, बड़ी बात है!

ख़ुद अपना, औरों का ख़ुदा बन सकते हो
संभल के चलना, बड़ी बात है!

जिन रास्तों पर चलने को, सबको रोकता था मैं
उसी रास्ते ख़ुद को, चला लेता हूं अक्सर

कौन दुनिया में ख़ुदा को, पाना चाहता है
मैं ख़ुद को ही ख़ुदा, बना लेता हूं अक्सर

फिर जब भी, होश संभालता हूं मैं
बहुत देर हो जाती है, अक्सर

दुनिया हमें अलविदा होने का वक़्त बताती है
अपने से, मिलने में बहुत देर हो जाती है अक्सर

मैं बेजान, गुमनाम न जीना चाहता हूं
मुझे-मुझ तक पहुंचने में, देर हो जाती है अक्सर

उस वक़्त की यादें लिख रहा हूं
इसलिये इस वक़्त की खो जाती हैं अक्सर

तू मेरे घर के पास, मंदिर में खड़ा रहा
क्यों तुझ तक आने में, देर हो जाती है अक्सर

अपने को मिल कर चलता, तो और बात थी
सलीके सीखने में, ज़िंदगी खो जाती है अक्सर

दुनिया फ़रिश्तों को मार देती है, देखा है
शैतान बनकर चलना सिखाती है, अक्सर

आज भी अपने से, प्यार की हवस बाकी
कैसे-कैसे रास्तों पर, आदमी चल पड़ता है अक्सर

ग़लती तो करता हूँ मैं

ग़लती से न चाह कर भी
गल़ती तो करता हूँ मैं!
आसमान हूँ, सूरज की रोशनी
अपने साथ लिये चलता हूँ मैं
फिर भी, सबने देखा है अक्सर
बादलों को देख, रंग बदलता हूँ, मैं
ग़लती से........................

अपना लिखा हुआ पढ़ने की
कोशिश जब भी करता हूँ मैं
समझता हूँ, समुंदर से गहरा हूँ
तब क्यों गागर में, छलकता हूँ मैं
फिर मैंने देखा, कभी-कभी
बूंद बन हवा में उड़ चलता हूँ मैं
ग़लती से न चाह कर........................

आसमान जो ठहरा, तुम समझते हो
सूरज, चांद, तारे, सब साथ लिये चलता हूँ मैं
सितारा, कभी-कभी गिर ही जाता है
क्यों दोषी ख़ुद को समझता हूँ मैं

कायनात हूँ जानता हूँ मैं
कायनात बनाने वाला क्यों ख़ुद को समझता हूँ मैं
ग़लती से न चाह कर भी.......................

एक आवाज़ मेरे घर रोज जगाती हैं
न सुनने पर हो ख़ामोश वह सो जाती है
बड़ा घर मेरा- मेरे, बाद भी रहेगा
परेशान इसी से, हो चलता हूं मैं
आसमानों से उतरा हूँ, जानता हूँ
ज़मीन को अपना बनाने की, कोशिश करता हूँ मैं
ग़लती से.......................

हवा का झोंका हूँ मगर
तूफ़ानों को साथ लिये चलता हूँ मैं
आंधी बनने से मेरे परेशान न हो
तेरे अंदर सांस बन के भी, चलता हूँ मैं
अंधेरा रोशनी, दोनों चलते एक साथ
फ़र्क है कि किसे, अपना समझता हूँ मैं
ग़लती से न चाह कर.......................

कभी-कभी आसमानों को लाँघ जाया कर

कभी-कभी आसमानों को लाँघ जाया कर
भरोसा ख़ुद पे कर, ऊंची छलांग लगाया कर
उसने क्या-क्या, बना रखा है तेरे लिए
ज़रा जा के उसे भी, देख आया कर
कभी-कभी.........................

पूरी भरपूर ज़िंदगी, जीने आया है ज़मी पर
हौसले से आगे क़दम, तो बढ़ाया कर
छोटी सोच ले, मत जीओं बेबस होकर
तू दिलों में अपनी, बस्ती सजाया कर!
कभी-कभी.........................

ज़िंदगी जीने आया है, तो जी कर जाया कर
अपनी शर्तों पर अपनी, ज़िंदगी बिताया कर
सब कुछ बदल सकता है, सोच कर देख ज़रा
समय काटने वालों को, मत अपना बनाया कर
कभी-कभी.........................

शोहरत, रुतबे, फ़तवे, सब क़बूल है मुझे
इनका ग़ुलाम न बन, इन्हें ग़ुलाम बनाया कर
ज़िंदगी मौत से ज़्यादा, तो कुछ नहीं दे सकती
ज़िंदादिली से हमेशा, ज़िंदगी बिताया कर!
कभी-कभी.........................

समुंदर में तैरने वालों का, पीछा मत कर
मोती खोजने सतह तक, उतर जाया कर
लोगों को बिछाने दे कांटे, तुम्हें आज़माने को
तुम हंस के फूल बन, कांटों में खिल जाया कर
कभी-कभी.........................

चले जाने के बाद, इतिहास बनना बड़ी बात नहीं
तू ज़िंदा रह कर-इतिहास बनाया कर
अंधेरे कितने भी गहरे, होकर छा जाएं मगर
तू उम्मीदों भरा दीपक, बन जाया कर
कभी-कभी.........................

ज़माना बहुत परेशान है, घुट-घुट के जी रहा
तुम्हें देखकर जी उठे ये ज़िन्दगी ज़रा
मेरे आंगन में भी कुछ दिन ठहर जाया कर
भगवान को तू नहीं जानता, भगवान कभी-कभी बन जाया कर!
कभी-कभी.........................

पाने वाला अक्सर डूब के जाता है

उस मालिक की अजब गजब तस्वीर है तू
कभी जो ख़त्म न हो, ऐसी तामीर है तू!

देखूं तुम्हें तो, सामने खड़ा दिख जाता है
न देखूं तो, अंदर जा छुप जाता है!

अरे पहचानों तो ज़रा, इस अजीब शख्श को
न मिलने पर हर शह में मिल जाता है!
आदमी ख़ुद को पाने, देखो कहां-कहां जाता है
जब देख लेता है तो, अपने पास लौट आता है!

गागर में भी सागर है, और सागर में भी सागर
पाने वाला अक्सर, डूब के ही पाता है!

सूरज, चांद, ज़मीन, सितारे सब मेरे हैं
क्यों छोटे से घर में, सिमट जाता है!

प्यार को "बांध" में बांधना सीखा, इसने किस से
दरिया बहकर ही, समुद्र में मिल पाता है!

रोशनी भी तू, अंधेरा भी तो तू है
फिर कौन है, किससे तू घबराता है!

अपने पास चले तो आओ, तुम
उसमें ही ब्रह्माण्ड दिख जाता है!

अजब ग़ज़ब है ग़ज़ब अजब है
न मिटने वाला मिटने का एहसास पाता है!

हर शै में तू, हर शै तुम में
मालिक ख़ुद को क्यों, पहचान न पाता है!

आशा ही तो सागर है

एक नई ऊषा की किरण
आशा बनकर अंतः करण में
जब भी उभर आती है
अनगिनत, आलौकिक, आनंद
बरसा के बह जाती है!

संसार में, हर कोई प्रफुल्लित होता है
आनंद के भँवर में वह सोता है!
जीवन में जीने के मायने सिखा
फिर जीवन से बह जाती है!

मुस्कुराहट उसी का अंश है
आशाओं का ही वंश है
कितने विकृत चेहरों को
अमृत दे कर जाएगी!

सृजन सृष्टि का आशा से
मानव चलता अभिलाषा से
संसार में कितने पलों को
प्यार से वह सहलाएगी!

आशा ही तो सागर है
तू छोटी सी गागर है
इतना तो जल भर जाएगी
मत सोचो वह, चली जाएगी!

अमृत की बूंदें, अमर कर देंगी
नया सवेरा, फिर लाएगी
आशा से, आशा के दीप जला
हर्षित संसार, कर जाएगी!

न चाह कर भी, अनजाने में
वर्षों-वर्ष दीवाने में
नव संचार का उपहार दे
चली जाए तो, चली जाए!

नोट :- आत्मा

मेरी रचना मेरे हैं सारे

यह धरती, यह चांद, यह सूरज
हंसते मानव के सारे नज़ारे
मेरी रचना मेरे हैं सारे
किसे तुम फिर अपना बतलाने लगे हो
मिल तो जाता हूँ, हर जगह हर कण में अक्सर
मुझे खोजने तुम कहां, आज जाने लगे हो
यह धरती यह चांद.....................

धरती को क्या तुम घुमाते हो? सूरज क्या तुम उगाते हो?
मैं हर रचना में बस तो गया हूँ आकर
तुम क्या बतलाने लगे हो, मुझे खोजने जाने लगे हो
मैंने सांसें दे दी तुमको जल जीवन में लाया तेरे
पांच तत्वों से सजा, घर में बिठाया तुझको
मेरे रूप हो मेरी ताकत से, क्यों घबराने लगे हो
यह धरती यह चांद..............................

किसका तन, किसका घर, किसका यह शहर
तुम क्या कर रहे हो, क्या अपनाने लगे हो
मैं बैठ तो रहा हूँ रूह बनके अंदर तेरे
उसे छोड़ बहुत तेज दौड़ कहां जाने लगे हो

अपने पास रुक कर, समझ लेते ख़ुद को और ख़ुदा को
ख़ुद से दूर आसमानों में, क्या आज़माने लगे हो
यह धरती यह चांद..............................

एक सत्य और अंतिम हो चला है
मानव मेरी रचना का, कहीं खो चला है
मैं, इस धरती पर तूने देखा, कई बार आया था
नियम मेरे मैं चाह कर भी, तोड़ न पाया था
पर तुम मेरी रचना से कुछ चुराने लगे हो
हमेशा रुक जाने की आदत बनाने लगे हो
यह धरती यह चांद..............................

सबको आते और यहाँ से जाते देख तो रहे हो
मेरी रचना मेरी रहने दो, क्यों आज़माने लगे हो
मिल तो जाता हूँ हर समय, हर पल, हर जगह
आकाश और पाताल में किसे खोजने जाने लगे हो
यह ज़मीन बना तो दी तुम्हें, इस पर बस आने को
इसे छोड़ घर की खोज में, कहां जाने लगे हो
यह धरती यह चांद..............................

नोट :- आदमी और परमात्मा

तू ही तू, तू ही तू - नज़र आने लगा है

एक क़तरा आब का, तूने कैसा पिला दिया
मुझे अपने घर बुला, मेरा ही घर भुला दिया
तू ही तू, तू ही तू, नज़र आने लगा है
यह कैसा करिश्मा किया, यह क्या करके दिखा दिया
एक क़तरा..................................

कोई मुझे पागल, तो कोई काफ़िर कहने लगा है
मेरी हस्ती पहले भी, मेरी अपनी कहां थी
तेरी रहमत मुझ पे बरसी, आसमान से बादलों की तरह
मुझे मेरी क्या, तेरी भी याद नहीं, अपने से कैसे मिला दिया
एक क़तरा..................................

अब न ज़िंदा रहने की ख़ुशी है, न मिट जाने का ग़म
अब रास्ते को क्यों देखूं मैं, तूने मंज़िल पर बिठा दिया
दुनिया क्या सोचती है, अब सोचने का फ़ायदा नहीं
यक़ीन कर लिया मैंने, तूने मुंह में ब्रह्माण्ड दिखा दिया
एक क़तरा..................................

कभी ख़ुशबू, कभी भंवरा, कभी हंसी में बाग़वां की
सब और सब जगह, ख़ुद को पाने लगा हूँ मैं
पहले ठहर जाता था, तेरी कायनात देखने
अब क्या देखूं इसमें, कायनात बना नज़र आने लगा हूँ मैं
एक क़तरा.................................

अब रुक के देखूं तो क्या देखूं, चलकर करूं तो क्या करूं
हंसी भी आती नहीं, तेरी नादानी नासमझी पर मुझे
आंखों से देखो तो सही, रूह में उतर जाने लगा हूँ मैं
अब मुझे अपना बनना ही नहीं, सबका बन जाने लगा हूँ मैं
एक क़तरा.................................

एक पल जीवन जीना है

एक पल जीवन जीना है
तो बरसों इंतज़ार कैसा
बीत गया सो बीत गया
बीते कल से प्यार कैसा
एक पल..................

आज उजाला-आज अंधेरा
आने वाले पल का उपहार कैसा
अभी तो जी ले जी भर के
जो मिला नहीं उससे, संसार कैसा
एक पल..................

एक पल को तो जी ले तू
अमृत-ज़हर सब पी ले तू
उसकी रचना का साक्षी बन जा
सब होने पर इंकार कैसा
एक पल..................

जिया नहीं जो इस पल में
वह क्या जी लेगा कल में

हज़ारों साल रचनाओं को देखा
वर्तमान से इंकार कैसा
एक पल...................

रचना अपनी स्वयं करता हूँ
भाव-विभोर उमड़ पड़ता हूँ
मेरी रचना का एक ही पल है
फिर सदियों का इंतज़ार कैसा
एक पल...................

अच्छा कुछ तो समझा तुमने
अहंकार से इनकार कैसा
माया तेरी ही काया है
इससे इतना प्यार कैसा
एक पल...................

नोट :- वर्तमान

प्यार में रिश्तों की हद तो देखो

प्यार में रिश्तों की हद तो देखो
आसमाँ होकर भी झुक जाता है
यह दौलत, शोहरत, रुतबे, कौन पूछता है रमेश
प्यार जब भी हद से गुज़र जाता है!

रूह का प्यार देख, तन में उतर जाता है
तूफ़ान भी सांसें बन के, जिस्म में ठहर जाता है
कौन जीता है दुनिया में, बता अपनी ख़ातिर रमेश
हर शख़्श दूसरों के लिए, दौड़ता नज़र आता है!

हां यह तो है, वह भी अपना बन जाता है
प्यार जब भी किसी, सरहद से गुज़र जाता है
अब कौन देखता रहे, मेरे और तेरे को
जिस्म में बसता, रब जो नज़र आता है!

औरों के लिए जीने में, आदमी इंसान बन जाता है
प्यार की हद दिखाने, सूली पे चढ़ जाता है
अपनी पहचान कहां, बचा पाता है आदमी
दूसरों को ही समझने में, उम्र बिता जाता है!

चला तो वही जो अक्सर, बाद में याद आता है
वही आदमी जो औरों के दर्द में पिघल जाता है
वही ज़िंदगी से प्यार, करते नज़र आ जाता है
जो औरों के लिए, हंसते हुए सूली पर चढ़ जाता है!

अब सोच भी तन से बाहर जाती नहीं

हवा हुए, हवा से बातें-करने के दिन
अब सोच भी, तन से बाहर, जाती नहीं
कैद होकर रह गया हूं, अपने घर में
अब बाहर की दुनिया भी, नज़र आती नहीं!

अनुभव बांटने की तो, बहुत सोचता हूं मगर
लेने वाले की सोच, मिल पाती नहीं
वह कहते हैं, कि हम पुराने हो चले
कोई ख़ूबी हमें भी, उनमें दिख पाती नहीं!

जिन पहाड़ों को रौंद, हम चढ़ जाते थे
अब उनके रास्ते भी, हम से नज़र मिलाते नहीं
दौर ज़माने का, यूं ही बदलने वाला है
सांस भी बिना सोचे अब कभी आती नहीं!

अपनी ही कहानी सुनाते, सब दिख जाते हैं
सालों तक उन्हें, याद हमारी आती नहीं
जल्दी में हर कोई जीना चाहता है यहां,
प्यार की बूंद भी उन्हें, सागर से मिल पाती नहीं!

शहरों की दौड़ ने, इतना तेज़ दौड़ लिया है
अपने घर का भी रास्ता, नज़र आता नहीं
कोई किसी की सुने, इतनी फ़ुरसत नहीं
आदमी मशीन बनाता है, मशीन आदमी बनाती नहीं!

प्यार उपकार त्याग सब, किताबों में छुप जाते हैं
अच्छा है कहकर, सब दूर चले जाते हैं
नींद भी उनकी, आंखों में आती नहीं
अंधेरा क्या देखेंगे, रोशनी भी दिख पाती नहीं!

सहज चले संसार में

सहज चले संसार में
आगे बढ़ता ही जाए
कश्ती बह धारा में
आप किनारे ले जाए!

ज्ञान का मार्ग तो
आत्मा ही दिखलाए
किताब पढ़े जो ज्ञान आया
मेरा अभिमान बढ़ाए!

अपनी चिंता कर लीजिये
पृथ्वी पर स्वर्ग मिल जाए
दूसरों की सोच में
सब हाथ से निकला जाए!

ख़ुद को मिले तो
भगवान भी मिलता जाए
दूसरों को समझने में
उम्र बीती जाए!

सागर लेकर क्या करें
बूंद प्यास बुझाए
बूंद-बूंद आपस में मिले
सागर ही बन जाए!

इंसान-इंसानियत करता चले
तो बड़ा बन पाए
धर्म-धर्म रटने वाला
वरना विधर्मी ही कहलाए!

धरती पे उमड़ा प्यार है

सहज में सहज रह के
कुछ पा लिया करो
धरती में उमड़ा प्यार है
कुछ पा लिया करो

फूलों को तुमने देख लिया
अपने को आजमा लिया करो
अनुभूति एक तड़प रही है
उसे गले लगा लिया करो

बरसों में यह फूल मुस्कुराए
एहसास खिलने का पा लिया करो
अपनी ही रचना देखकर
कुछ मुस्कुरा लिया करो

शब्दों को भूल के तुम आज
रूह जगा लिया करो
तेरा भी कौन सानी है
यह दिखा लिया करो

विश्वास अपने पे कर लो
विश्वास पा लिया करो
सफ़र कर रहे पांच तत्व है
पास बिठा लिया करो

फ़रिश्ते ज़मीन पर उतर आए हैं

कितने रंग बदल-बदल के इंसान बनाए हैं
एक के निशान दूसरे से मिल न पाए हैं
सोच की गहराई समुद्र सी बना दी है
क्यों फिर सारे किनारे चलते नज़र आए हैं!

ख़ुशबू जिस्म की दूसरे से मिलती नहीं है
कितने हसीन फूल इस बाग में खिलाए हैं
रंग एक भी दूसरे से मिलता नहीं है
बहरूपिये देखो रूप बदल के आए हैं!

सबको सब एक सा मिला तो है
किस बात के फिर झगड़े उठाए हैं
धरती एक, अंबर एक, एक सूरज उगाए हैं
सारा जहां तो अपना है क्यों छोटे घर बसाए हैं!

जो मेरा है वह तेरा भी है क्यों समझ न पाए हैं
प्रश्न तो आसान था बहुत, क्यों उत्तर उलझाए हैं
प्यार करता अपने से तो पा लेता मैं सब कुछ
नफ़रत करके क्यों मैंने अपने रास्ते में कांटे बिछाए हैं

अपनी खोज में दौड़ रहा है यह आदमी
उसकी रचना तो समझ न पाए हैं
काश मैं देख लेता उन हंसते फूलों को
जो फ़रिश्ते ज़मीन पर उतर के आए हैं!

ख़ुद को ख़ुदा का साक्षी बना

अपने वजूद की पहचान कर
और फिर एक ऊंची उड़ान भर
नव निर्माण की इस बेला में
संकल्प शक्ति को लेकर चल

क्यों तू घबराने लगा है
क्या लाया जो छूट जाने लगा है
इस दुनिया की रिवायत निभा
कुछ दूसरों के लिये जी के दिखा

संसार यूं ही चलता है
रिश्तों में ही पलता है
कुछ उनके लिये करके दिखा
फिर आसमानों पे क़दम बढ़ा

तू उसकी पहचान बनकर जा
उसका दिया फ़र्ज़ तो निभा
अपने लिए जी के क्या करेगा
ख़ुद को ख़ुदा का साक्षी बना

प्यार तेरा तेरे साथ चलेगा
प्यार कर और संसार बसा
प्यार भरी इस दुनिया में
प्यार से कुछ क़दम चल के दिखा

कुछ उसके गीत तो गा
त्याग से अपना जीवन बिता
फिर चाहे जाना पड़े तो जा
हर दिल में अपनी पहचान बना

मिलन

यह वन में ध्वनि कैसी
यह पायल की झंकार कैसी
कोई प्रतिमा मेरी हो
मेरी प्रतिमा साकार कैसी

हवा भी कुछ ठहर जा
कुछ हल्के क़दमों से
चल के आए हैं वो
कहीं वह वापस न जाएँ

अरमान उमड़ पड़े हैं आज
उनको देख पाने को
ज़रा देख लेने दो मुझको
फिर अरमान निकल जाएं

लगता है मेरे पास आने लगे हैं
सब झूमकर मुस्कुराने लगे हैं
रोम-रोम में प्यार उमड़ रहा है
पलकें बंद होने से रुक जाने लगे हैं

जीवन के अनुपम मोड़ पर
आज वह दिख जाने लगे हैं
मत कोई शोर करे कोई
प्रीतम मेरे आने लगे हैं

आदमी विधान तोड़ने लगा

मंत्र बांट साधु बने
ले कपटी अवतार
मैं भी लूटा, तू भी लूट
लुट गया सब संसार!

न कुछ मेरा मुझे मिला
न कुछ तेरा तुझे मिला
सुबह का बस इंतज़ार
लो भाई डूब चला संसार!

राम-राम को खोजन चला
पाया न अपना पार
अपने से मिलते ही देखो
महक उठा सब संसार!

आदमी विधान तोड़ने लगा
पा स्वतंत्रता का अधिकार
बोलने लगा कुछ भी कहा
रूह का बंटाधार!

पानी भी अब उड़ चला
छाया सब ओर अंधकार
शक्ति के प्रमाण देखन लगा
बंद कर आत्म द्वार!

शिखर हर कोई चढ़ने लगा
पीछे छूटा सब संसार
माँ मेरी जिस कुटिया में
वहां बसता मेरा संसार!

पावन काया शोषित हुई
यह कैसा है व्यापार
रुपये के पीछे भाग पड़ा
मानव का संसार!

प्यार-प्यार सब माँगन लागे
प्यार ही न मिल पाए
मैं प्यार बांटने चला
मेरे पीछे दौड़ लगाएँ!

इसकी कोई सरहद नहीं

मेरी सोच की हद है
कि इसकी कोई हद नहीं
चलती है हर सीमा पर
इसकी कोई सरहद नहीं

पल में आकाश-पाताल चले
पल में संसार लाँघ जाए
मैंने भी कैसी दुनिया बना ली
बड़ी छोड़, छोटी सोच, गले लगा ली

मेरी सोच की हद बांध के
बेड़ियां उसे पहना रही
जब भी मुझसे दूर हुई
बेचैनी सी जगा रही

आंखें देखती नहीं, दिल मानता नहीं
कण-कण में हूं बात बता रखी है
ख़ुद का पता नहीं चलता मुझे
तुम्हें देखने की कहानी सुना रखी है

आज तक अपने से दूर था
रूह अपने अंदर बिठा रखी है
सोच रुके तो रूह देखें
रफ़्तार शख़्सियत में छुपा रखी है

मैं ही बस मैं हूँ

मैं कली हूँ बाग़वाँ की
मैं आसमान की परी हूँ
मैं आस हूँ जीवन की
मुझसे दुनिया बनी है

मेरे आने से सब हरकत है
उम्मीद नहीं मैं ज़िंदगी हूँ
मुझे देख हलचल दिखाए
मैं मुकम्मल ज़िंदगी हूँ

फूलों की ख़ुशबू बनी मैं
यह बाग़ भी मुस्कुराए
मैं बीज हूँ ज़िंदगी का
सब ओर हलचल मचाए

मैं हूँ आधार तेरा
मैं हूँ विश्वास तेरा
मैं ही रचयिता की रचना
मैं हूँ तो चलती सांसें

मै नींव में हूँ
मैं ही कलश हूँ
मैं हूँ अपनी आत्मा
मुझ में बसे परमात्मा

मैं प्रेम हूँ सुगंध हूँ
मैं प्रेम की अनुभूति
मैं प्रेम से ही चलती
मैं प्रेम में ही पलती

मैं ही तो जीवन हूँ
मैं ही सब में हूँ
तू भी तो मैं हूँ
तू भी तो मैं हूँ

नोट :- आत्मा

पत्थर पूजे रब्ब मिल जांदा

फकीरा दी बस्ती उजाड़न चलेआ
रब्ब लिख के कागज नूं फाड़न चलेआ
मेहनत नाल कुछ कमाई बनाई
सब कुछ तूं उजाड़न चलेआ

अपने ते भरोसा कीता नहीं तू
हून किस नूं पुकारन चलेआ
कुछ अल्फाज लिख लेंदा
बिना लिखे कागज फाड़न चलेआ

रब्ब मिलदा ते सब मिल जांदा
किस नूं तूं अज्ज पुकारन चलेआ
किन्नी सुंदर तेरी काया बनाई
कर नशे उस नूं बिगाड़न चलेआ

पत्थर पूजे रब्ब मिल जांदा
बिन पूजे बी ओह् दिख जांदा
दौड़ बड़ी तूं लगा दिती ए
उसनू भी तूं दौड़ान चलेआ

रब्ब आदमी बन आया है फिर
किस नूं तूं पुकारन चलेआ
अपने नूं मिल जांदा ते रब्ब मिलदा
मस्जिद चढ़ क्यों पुकारन चलेआ

तुम औरों के लिए जिया करो

प्यार की परिभाषा वो नहीं
जो तुम दिया करते हो
तुम प्यार छीन के जीना चाहते हो
हम लुटा के जिया करते हैं

मैं अपने को देख न सकूं
ऐसी शतरंज बिछा रखी है
मेरी पहचान देखना चाहते हो तुम
अपनी ख़ुद से ही छुपा रखी है

यह जंग जीतने में नहीं
हारने में लुत्फ़ लिया करो
जीते वह अपने ही लिये
तुम औरों के लिये जिया करो

अनजानों के शहर में
क्या पहचान तुमने बना दी है
अजनबी होने की बात
ख़ुद से ही छुपा दी है

डूबना तुमको भी है और हमें भी
तुम ख़ुद को बचाते हुए डूबोगे

जल्दी में जीने की आदत अच्छी नहीं
रुक के जीने में पहचान मरती नहीं

लहरों से डर के
कश्ती किनारे मत लाया कर
ज़रा और हौसला रख
पार लाँघ जाया कर

तू ख़ुद को देख
ख़ुदा को मत आज़माया कर
औरों के लिये कभी
अपनी पहचान मत छुपाया कर
यह सांस तो अमानत है उसकी

जो जिस्म में बिठा दी है
सूरज, चांद, हवा, पानी देख
तेरे लिये कैसी बस्ती सजा दी है

लहरों ने हमें डुबोने की
क़सम तो खा रखी थी
यह तेरी चाहत ही ऐसी थी
वो रास्ता बदल कर चल दी

तुमने सब कुछ पा लिया
ख़ुदा को भी आज़मा लिया
औरों के शहर देखते-देखते
क्यों ख़ुद को गवां लिया

क्या करने आए, क्या करके जाने लगे हो

मेरी पहचान को तुम-नाम देने लगे हो
यह क्या कर रहे हो, यह क्या करने लगे हो?
तू भी तो मैं हूं, मैं भी तो तुम से हूं
किसको तुम किससे अलग करने लगे हो-मेरी पहचान को

सूरज ने रोशनी चांद ने चांदनी कहां से पाई
फूलों में ख़ुशबू, समुंदर की गहराई, कहां से आई?
उसको देखने का, कैसे दावा करने लगे हो?
किस उम्मीद से उसके घर चलने लगे हो-मेरी पहचान को

जिस्म उसने बना, सांसों को वहां बिठा डाला
भावनाओं को बना, प्यार से उसे सजा डाला
हर ओर पांच तत्वों के लिए वनस्पति है उगाई
तुम कह रहे हो, तेरी आंखों से देख न पाई-मेरी पहचान को

ज़मीन पर आकर, नफ़रत जो करने लगे हो
प्यार को छोड़, किसका दामनपकड़ने लगे हो
तेरे प्यार में हर शै, उसने ज़मीन पर उगाई
अपने से उलझते हो, हमें तुम्हारी समझ न आई-मेरी पहचान को

आओ पहचाने ज़रा, उसकी इस रज़ा को
सारा संसार उसका, तुम उसकी परछाई
कुछ मेरा, कुछ उसका, क्या-क्या बताने लगे हो
क्या करने आए थे, क्या कर के जाने लगे हो-मेरी पहचान को

आसमानों से उतर के फ़रिश्ते

आसमानों से उतर के फ़रिश्ते
ज़मीं तक आने लगे हैं
स्वर्ग बना डाला है ज़मीन पर
हैरानगी इस पर जतलाने लगे हैं
आसमानों से उतर......

प्यार से त्याग की हदें मिटाई
औरत जब माँ बन आई
तन नहीं रूह भिगो लाई
ममता इस क़दर है बरसाई
आसमानों से उतर......

कुछ इंसान आदमी को उठाने लगे
आस जीने की उसमें जगाने लगे
सोई आत्मा फिर से जगा
आदमी को इंसान बनाने लगे है
आसमानों से उतर......

अंधे को रास्ता दिखाने लगे
भटकते को मंज़िल तक पहुंचाने लगे

धूप से झुलसते _ पौधे को देख
पानी उस तक ले जाने लगे
आसमानों से उतर......

आसमानों में उड़ने का हुनर सीखा
उड़ सकते हो फ़रिश्तों की तरह
बीमार लाचार की मदद कर
सलीका जीने का सिखाने लगे हैं
आसमानों से उतर......

भूखे की भूख, प्यासे की प्यास
बिना स्वार्थ के बुझाने लगे
हंसी चेहरे पर हमेशा ठहरे
ऐसे ज़िंदगी बिताने लगे
आसमानों से उतर......

ख़ुद पर भरोसा छोड़

ख़ुद पर भरोसा छोड़
फ़रिश्तों को न आज़माया कर
वह भी तरसते हैं इंसान बनने को
इतना तो समझ जाया कर
ख़ुद पर भरोसा.........

दिन और रात दौड़ लगा दी हमने
इंसान बनाने की क़सम जो खा ली हमने
आसमानी फ़रिश्तों में क्या खोजते रहे
ज़मीन पर ज़िंदगी बिता दी हमने
ख़ुद पर भरोसा.........

इतने भी बहरे कहां हुए तुम
आवाज़ अपनी भी सुन न सको
ज़मीन दौड़ती रही तुम्हें रोकने को
आसमानों पर दौड़ लगा दी तुमने
ख़ुद पर भरोसा.........

यह पानी है या आबे-जमज़म
जो झरना, बन फूट निकला है

किसी ने पानी समझकर, अपना लिया
किसी ने बेकार समझ सब बहा लिया
ख़ुद पर भरोसा.........

काश अपने साथ चल लेते तुम
आंधी क्या तूफ़ानों से न घबराते तुम
दूसरों के रेत में निशान खोजने में
उम्र सारी गंवा ली तुमने
ख़ुद पर भरोसा.........

ज़िंदगी देख कैसे मुस्कुराने लगी

ज़िंदगी, देख कैसे मुस्कुराने लगी
हादसों से डरती थी मगर
हर ग़म गले लगाने लगी
चेहरा सिर्फ़ देखा करती थी
रूह में उतर जाने लगी!
ज़िंदगी देख कैसे.........

ख़ुद ही हम संभल जाते
क्यों ख़ुदा को फिर बुलाते
समझ बात हमें आने लगी
चल रही थी जो ग़रूर से
मोम निकली पिघल जाने लगी!
ज़िंदगी देख कैसे.........

दुआओं का असर देख लिया
मौत भी लौट कर जाने लगी
दुनिया चोट पर चोट लगाने लगी
ज़िंदगी भर ज़ख़्म कौन गिनता रहे
हर ज़ख़्म पर मुस्कुराने लगी
ज़िंदगी देख कैसे.........

छीनने की बात मत कर
छोड़ के ज़िंदगी मुस्कुराने लगी
कैसी नींद हमें आज आने लगी
पांव में बेड़ियां पड़ी रही
आसमानों में उड़ जाने लगी
ज़िंदगी देख कैसे.........

कशिश तेरे घर लाने लगी
सब ने ख़ुद को देख लिया
हर ग़म में मुस्कुराने लगी
ज़िंदगी अपने से नज़र मिलाने लगी
हर पल याद हमें आने लगी
ज़िंदगी देख कैसे.........

मैं छत बन के ख़ुश था बहुत

मैं छत बन के ख़ुश था बहुत
तेरी ज़िद ने फ़र्श बना डाला
मेरे प्यार की हद तो देख
तेरी बुलंदी के लिये, अपनी हस्ती को मिटा डाला
मैं छत बन के.............

सोचा हमने भी, बहुत बड़े बन जाएँ
पर तुम्हें अपने से, बड़ा बना डाला
पता फिर चला, तेरी फ़ितरत का
मेरा वजूद ही तूने-मिटा डाला!
मैं छत बन के.............

प्यार बहुत किया-तूने अपने से मगर
सारी कायनात को ही-भुला डाला
ओस बन के, चमकने पे ख़ुश थे तुम
शमें आलम ने, पहली किरण में मिटा डाला
मैं छत बन के.............

रूह ज़िंदा है तो-रोशनी कर पाएगी
तूने तो तन को ही-सजा डाला
याद आई, अरसे के बाद तुम्हें

क्या बनने आए, और क्या बना डाला
मैं छत बन के.............

कलश बनना, सब के मुक़द्दर में न था
हमने ख़ुद को, नींव में चुना डाला
खंडहर बन कर भी, हम ज़िंदा रहेंगे
तेरे ग़रुर ने तुम्हें क्या बना डाला
मैं छत बन के.............

तेरा घर ज़मीन पर-खड़ा क्या हुआ
तेरे अहम ने, आसमाँ हिला डाला
सागर गहरा हो तो-शांत हो जाता है
हमने दुनिया को, जीना सिखा डाला
मैं छत बन के.............

हर तूफ़ान को कोई सांस बना रहा है

ख़ुद को अपनी, नज़र से मत गिराया कर
वक़्त बदलता है, बदलेगा, तू संभल जाया कर

दोष तेरा नहीं, जो दुनिया गले लगा रहा है
उसने बनाई ही है ऐसी, हर शख़्स मुस्कुरा रहा है!

अपनी नज़र को छोड़, उसकी नज़र से देख
इस भंवर में कौन, कश्ती चला रहा है

मैं तो सांस भी नहीं, ले सकता हूं अक्सर
हर तूफ़ान को कोई, सांस बना रहा है

चल पड़े हैं सफ़र पर, मंज़िल का पता नहीं
वह मंज़िल बना भी रहा है, मिटा भी रहा है

मेरा अतीत मुझे, कई बार बुलाता है
यह कौन है जो, आगे बढ़ा रहा है

चल छोड़ अब, सोचना ज़िंदगी में
हर शख़्स ख़ुदा बन, ज़िंदगी चला रहा है

ले चल रमेश ख़ुद को इस दुनिया से दूर मगर
क्या करूं, हर शख़्स डूबता नज़र आ रहा है

मैं क़लम तो, उठाता नहीं हूं मगर
यह कौन है जो किस्से लिखा रहा है

रूह देखने की घड़ी गंवा ली

मुसाफ़िर छोड़, अपने ग़रूर को
क्यों ज़मीन, मंज़िल बना ली है
कैसे गुज़ारता रहा तू, ज़िंदगी
जाते हुए भी, अकड़ दिखा दी है!
मुसाफ़िर छोड़......................

कुछ तो जी लेता, औरों के लिये
कैसी ज़िंदगी, तूने बिता दी है
यह महल मकान, कब किसी के हुए
जिससे तूने अपनी दुनिया सजा ली है!
मुसाफ़िर छोड़......................

न तू अपना है न कुछ तेरा
किसके कहने पर, दुनिया उठा ली है
तन ही सजाता रहा, उम्र भर तू
रूह देखने की घड़ी गंवा ली है!
मुसाफ़िर छोड़......................

वीरान शहरों को, देखकर सोच
कभी तो गुलज़ार, हुआ करते थे
उन्होंने भी ज़िंदगी जी, किस तरह से

आज वीरानगी ने, दुकान बना ली
मुसाफ़िर छोड़......................

ज़िंदगी की रफ़्तार, किसने रोक ली है
तूने रोकने की, क़सम खा ली है
अपने को पहचानता, तो बात बनती
दूसरों को समझने में, उम्र गंवा ली
मुसाफ़िर छोड़......................

कौन कहता है अकेले जी रहा है तू

कौन कहता है, अकेले जी रहा है तू
बाहर परछाई तेरा साथ निभाती है
अंदर बैठ रूह, तन को चलाती है!

सुना है इस दुनिया का हिसाब, उस दुनिया में होगा
कौन जाने होगा कि नहीं, कौन बतलाएगा
आज है तो आज में जी, कौन जाने कल कब आएगा!
कौन कहता है....................

मेरे हमसफ़र, हमराज़, हमख़्याल
अपने से क्यों हर राज़ छुपाता है
आईना अपना है तू, हर राज़ दिख जाता है
कौन कहता है....................

तेरी परछाई हर हाल में, तेरा साथ निभाएगी
अंधेरों को अपना-बनाने की ज़िद न कर
तेरे साथ पैदा हुई-तेरे साथ जाएगी!
कौन कहता है....................

दिल और दिमाग़ की हद, तो जिस्म ने बनाई है
कैसे यह तुम्हें, तुमसे मिला पाएंगे

रूह की गहराई में उतर, तो सब संभल जाएंगे!
कौन कहता है....................

जिस्म अकेला, कभी चलता नहीं है, अक्सर
परछाई अंधेरा तो, रूह उजाला बनी
यह तेरी मर्ज़ी ठहरी, किस ओर क़दम ले जाएगा!
कौन कहता है....................

कुछ पौधों से, काग़ज़ बना रहे थे

कुछ पौधो से, काग़ज़ बना रहे थे
दफ़्तरों में बाबू, काग़ज़ के पेड़ उगा बैठे
आदमी दौड़ता रहता है, काग़ज़ के पीछे
फाइलों से भरे गोदाम देख कर-आदमी घबरा बैठे!
कुछ पौधों से............................

जीने की उम्मीद भी-कुछ कम होती गई
काग़ज़ों गें लिखी, ज़िंदगी खोती गई
दफ़न उसे करते ज़मीन में, तो बात बनती
कुछ दोस्त बाबू, फाइलों में हमें दफ़ना बैठे!
कुछ पौधों से............................

कुछ काग़ज़ के टुकड़ों के, भगवान बना बैठे
ऐसी भगवान की झलक पाने के लिये इंसान भुला बैठे
आज हम दौड़ते, नज़र आने लगे हैं
दिल के ज़ख़्म इस तरह, हम जला बैठे!
कुछ पौधों से............................

प्यार जो सुना था, मुफ़्त ही मिलता था
उसकी आज हम बड़ी, क़ीमत लगा बैठे
चुका न सकेगा, उसकी क़ीमत को आदमी

शहरों के शहर, कब्रिस्तान बना बैठे!
कुछ पौधों से............................

ए ख़ुदा, कौन पाना चाहता है तुम्हें
काग़ज़ को जब से, ख़ुदा बना बैठे
अब कश्ती किनारे, लगेगी कैसे
दरिया को हम, समुंदर बना बैठे!
कुछ पौधों से........................

ग़म हद से गुज़रा, तो दवा बन जाता है

ग़म हद से गुज़रा, तो दवा बन जाता है
झोपड़ी टूटी तो, आसमाँ छत, बना नज़र आता है!
चोट लगाने में, उसने भी कमी न रखी,
हर ज़ख़्म, अब हंसता नज़र आता है!

आंसू मत पोंछो, रो लेने दो मुझको
कुछ तो ग़म, पिघल जाता है!
हर आदमी, शैतान बना घूम रहा है
कभी-कभी अपने में भी नज़र आता है!

वह दिन चले गए, जब दौड़ लिया करते थे
रमेश अब तो चलना भी मुश्किल दिख पाता है!
हम आज को तो, न जी सके अपने
हर बार गुज़रा ज़माना, याद आता है!

दोस्तों की महफ़िल में, दोस्त कम नज़र आते हैं
अब दुश्मन भी, दोस्त बन के आते हैं!
अब अपनी बात ख़ुद, सुनने को घबराने लगे हैं
एक शैतान, अपने अंदर जो पाने लगे हैं!

पहले नमक खाते थे, लोग अक्सर
अब ज़ख़्मों पर, लगाने लगे हैं!
जिन्हें हम हमेशा, अपना समझते रहे
आज दुश्मनों की कतार में पाने लगे हैं!

कई बार, ज़मीन तक चले आए

ख़ुद को समझने और तुमको देखने
कई बार, ज़मीन तक चले आए
हम आईना थे, आईना ही बने रहे
सबको देखा, ख़ुद को न देख पाए!

प्रश्न आसान था और नहीं भी
मैं कौन हूं, इसे भी जान न पाए
प्रश्न हर बार, प्रश्नों में उलझ जाता
एक सदी में हल, इसे कर न पाए!

वह कण-कण में है, यह बात बता रखी थी
ख़ुद को समझते, तो तुझको पा लेते हम
पहेली ऐसी उलझी, ज़िंदगी भर हल हो न पाई
हज़ारों साल में अपनी, हमें समझ न आई!

बिन समझे ही, ज़िंदगी जिये जाते हैं
कभी ख़ुशी, कभी ग़म, पिये जाते हैं
तू तो हर जगह समाया है, यह बात बताई थी
क्यों आदमी को सूरत तेरी, नज़र न आई थी!

आज करिश्मा, तूने कुछ ऐसा कर दिया
कुण्डलिनी उठाकर मेरा दामन भर दिया
आज मुझे मेरा आईना बना दिया
सारे ब्रह्माण्ड को मुझ में दिखा दिया!

सब दे खुले हाथ, जाने लगा है

इस शहर का सामान
उस शहर जाने लगा है
वर्षों का सामान था जो
पल में ख़त्म, हो जाने लगा है
इस शहर का.......................

हथेली बंद बहुत कुछ लाया था
सब दे खुले हाथ जाने लगा है
कुछ और ले लौट आऊंगा
आसमानों पर कोई मुस्कुराने लगा है
इस शहर का.......................

मैं पहले भी कई बार आया था
मैं बाद में भी कई बार आऊंगा
सूरज डूब के ख़त्म नहीं होता
अंधेरा मिटाने नई किरण लाने लगा है
इस शहर का.......................

मुझे इतना न अपना बनाया कर
तेरा सफ़र भी तो, मेरा सफ़र है
बता तो रहा हूं समझ जाया कर

मैं अक्सर मिलने चला आऊंगा
इस शहर का......................

नया बनता नहीं, पुराना मिटता नहीं
यही एक आंखों को दिखता नहीं
रूप बदलकर फिर आता हूं
मत कहो कि सब भूल जाता हूं
इस शहर का......................

नोट - जन्म और अन्त

मैं भारत हूँ, मैं भारत हूँ

मैं भारत हूँ, मैं भारत हूँ
शून्य से लेकर शून्य तक चलता
इतिहास बनाता और इतिहास में बनता
मैं भारत हूँ..........................

मैंने देखा
मानव तन पर ऊषा की किरण
पहली बार जब आ टकराई
ब्रह्माण्ड की ओम ध्वनि भी पहले मुझे सुन पाई
मैं भारत हूँ..........................

अनेकों को सिंहासन चढ़ते और उतरते देखा
प्रकृति के हर रूप को, बनते और बदलते देखा
ऋतु और ऋषियों ने, अपनी आभा दिखलाई
मैं भारत हूँ..........................

समस्त विश्व है मेरी आत्मा
गोद में खेले मेरे परमात्मा
जीवन तुम्हें देने को, अग्नि अपने पर बरसाई
मैं भारत हूँ..........................

पाप को बढ़ जाते देखा, राम को धनुष उठाते देखा
धर्म की रक्षा करने, कृष्ण को अपने मिटाते देखा
''मेरा रंग दे बसंती चोला'' गाकर के, हंसते फांसी चढ़ जाते देखा
मैं भारत हूँ..........................

ज्ञान का भंडार देखा, अक्षय माँ का प्यार देखा
चित्तौड़ के महलों में, अद्भुत अग्नि उपहार देखा
माँ मुझे कहने वालों का, फांसी से वो प्यार देखा
माँ भारत हूँ..........................

कृष्ण को देखा राम को देखा
संत कबीर तुकाराम को देखा
अनगिनत माया मैंने पाई, उगते सूरज का प्रणाम भी देखा
मैं भारत हूँ..........................

राम-कृष्ण मेरी ही, गोदी में खेले हैं
शिव को देखा अमर कथा का सार भी देखा
वेदों को सुना गीता का उपहार भी देखा
मैं भारत हूँ..........................

भारत यूं ही नहीं कहलाया, संघर्षों को लाँघ के आया
गंगा की पावनता, अक्रांतियों की दानवता को देखा
प्रेम रोम-रोम में बरसा मैं भारत बन पाया
मैं भारत हूँ..........................

पंथ, मजहब को बनते देखा, आत्मज्ञान का पल भी देखा
परीक्षित देखा, हनुमान भी देखा
साक्षी भाव में आसमान भी देखा
मैं भारत हूँ............................

पत्थर, हवा, पहाड़ को तूने मेरा अस्तित्व बताया
अपना सब कुछ खोकर उसे, कुछ भी समझ न आया
मैं सूरज, चांद, तारे, हिमालय, साँसे, साथ लिये चलता हूँ
मैं भारत हूँ............................

सूरज, चांद, धरती, ब्रह्माण्ड मैंने सब देखा है
तुम जिसे पत्थर, कंकड़, पहाड़ बतलाते हो वह मेरी ही माया है
ज्ञान के बिना बहुतों को, समझ कुछ न आया है
मैं भारत हूँ............................

तू तू न रहा, मैं मैं न रहा

मुझे मेरी परछाई भी
तेरी नज़र आने लगी है
उजालों में मेरे साथ थी
अंधेरों में तुम में समाने लगी है!

प्यार करूं तो किससे करूं
तेरी याद रूह में उतर जाने लगी है
तू तू न रहा, मैं मैं न रहा
ढूंढने दुनिया किसे जाने लगी है!

सुंदर होने का नशा भी, तेरा था
कम होने पर क्यों, घबराने लगी है
हर गली मेरे घर से निकल के
तेरे घर पर रुक जाने लगी है!

तेरी हर शै मुझ में
मेरी, तुझ में समाने लगी है!
तुम्हें ढूंढ कर भी क्या करूं
हर याद में तुम्हें पाने लगी है!

मुझे मेरा पता चला तो क्या चला
रूकसती में भी आंख खुली जाने लगी है
तेरी दौलत तुम्हें हो मुबारक
मेरी मेरे साथ जाने लगी है!

नोट :- अस्तित्व इन्सान का

रूह में भी उतर जाते तो बात बनती

रोशनी में तूने बहुत साथ निभाया
अंधेरों में भी चले आते तो बात बनती
जिस्म को मिल ही लिया तूने मेरे
रूह से भी मिल जाते तो बात बनती
रोशनी में....................

रिश्तों की डोर तो बहुत मज़बूत बांध रखी थी
रिश्ते निभाने चले आते तो बात बनती
मज़ार में मेरी चिराग़ जलाने लगे हो आज
कभी घर तक चले आते तो बात बनती
रोशनी में....................

दूसरों को मिलने में उम्र गुज़ार दी
हमसे मिलने आते तो बात बनती
लंबा सफ़र फिर अधूरा रह गया
अपने से मिल पाते तो बात बनती
रोशनी में....................

रूह की रवानगी को, तुम देखते ही रहे
दौड़ कर लिपट जाते, तो बात बनती
उसने तो सब कुछ, दे ही दिया तुम्हें बनाकर
आईना ख़ुद देख पाते तो बात बनती
रोशनी में....................

लहरों ने बहुत पुकारा, तुम भी सुनते रहे
किनारे तक चले आते, तो बात बनती
कितनों को सफ़र पे, लेकर चलते रहे तुम
ख़ुद के सफ़र पर आते, तो बात बनती
रोशनी में....................

शहंशाह बने, मुस्कुरा रहे हो तुम
झोपड़ी में रहने आते, तो बात बनती
रहनुमा बना तो दिया था तुम्हें
सबका साथ निभाते, तो बात बनती
रोशनी में....................

ज़िंदगी की खोज में

ज़िंदगी की खोज में
ज़िंदगी कहां जाने लगी है
तलाश में निकला पहला शख़्श तो नहीं
आंखें खुली जाते हुए बताने लगी है!

ख़ुद में ख़ुदा की - ख़ुदाई नज़र आई
जिस किसी ने, अपने से आंख मिलाई
कुछ कर गया होता - तो याद आता
दुनिया तुम्हें आज भूलाने लगी है!

ज़िंदगी तो उसका उधार थी
रो के कुछ, हंस के गुज़ार दी
वक़्त किसका, हिसाब लगा रहा है
रुका वही, जो यादों में जीने जा रहा है!

मेरे नाम को, मैंने मिटाया होता
तुम्हें हर शह में, पाया होता
यह कैसा मंज़र, तूने बना रखा है
ख़ुद को ख़ुद से - छुपा रखा है!

मेरी मैं अब तू में, बदल जाने लगी है
रेत के घर को हवा, इस क़दर उड़ाने लगी है
अब सोच के करूं भी तो क्या करूं
हर सांस तेरी याद, बन के आने लगी है!

तुम में ही खो गए

तुमसे क्या मिलने चले
तुझ में ही खो गए
अपनी पहचान क्या करूं
तेरी पहचान हो गए!

शाम रात में समा गई
तूने सूरज उगा दिया
मैं हार को क्या देखूं
तूने जीत बना दिया!

शहर के शहर, मुस्कुराने लगे है
गुज़रे वक़्त जो, याद आने लगे है
गांव की माटी, जो तुम छोड़ आए थे
चंदन बना, माथे पर लगाने लगे हैं!

मेरी शख़्सियत में छुपा, शख़्श नज़र आने लगा है
कहीं वह तू तो नहीं, मुझे समझाने लगा है
अब उनकी आवाज़ - सुने, तो क्या सुने
हर आवाज़ में मेरी उतर आने लगा है!

हम पहले भी हंस दिया करते थे
अब तू इस क़दर हंसाने लगा है

वह रो रहे थे अपनी ग़लती पर
चुप करा दूं, तू उन तक ले जाने लगा है!

बहुतों ने बहुत समझाया हमें
न वह रुके न वक़्त ही रुका कभी
फिर क्यों तू मुस्कुराने लगा है
शायद तुम्हारा खेल, तुम्हें याद आने लगा है!

ज़िंदगी को किन रास्तों पर चलाया हमने
जहाँ ठहरे वही, तुम्हें पाया हमने
यह क्या तमाशा बना दिया है
मेरी मैं को मिटा, तेरी मैं में पाया हमने!

मेरा भूला पता-याद आने लगा है
तुम तक पहुंचते ही, भूल जाने लगा है
अब याद रखकर भी इसे क्या करूं
मैं जो तू अब में समाने लगा है!

दुश्मनों से मिल लेते तो अच्छा होता
हर दोस्त दुश्मन बन के आने लगा है
प्यार करके उसने क्या पा लिया
याद रखा तुम्हें अपने को भुला लिया!

ज़िन्दगी फ़क़त चल पड़ी है

ज़िन्दगी फ़क़त चल पड़ी
चलती ही जाएगी
चलते हुए बता दो
किसे मौत आएगी

आंधी और तूफ़ानों में
अपनों में अनजाने में
रुकने की कोशिश मत कर
हर शख़्श यहां पर
अपनी सोच से अपने अंदाज़ से
जीना चाहता है अक्सर
ज़िंदगी अपनी भी
कुछ अलग सी
गुज़र जाएगी

देख और बता दे ज़रा
रंग, चेहरा, ख़ुशबू
निशान हथेलियों के
कब किसी के किसी से
मिल पाए हैं
अकेले सफ़र पे चले थे वह
अकेले सफ़र पर हम आए हैं
ज़िन्दगी फ़क़त चल पड़ी

मेरा क्या

न तू मेरा है
न यह दर्द न ग़म
न यह ख़ुशी मेरी
न यह अंधेरा
न यह सवेरा
बहुत दूर से चलकर
ज़मीन पर हम आए हैं

किसकी हिम्मत ठहरी
जो हमें रोक सके
किसकी बाज़ू में ताकत
जो हमें टोक सके
कितने आकाश, कितने सागर
लाँघ के हम आए हैं

हमें रोकने को मत चलना
इसकी कोशिश भी मत करना
किसी के कहने पर देखो
कौन रुक पाएं हैं
मज़बूत इरादे बुलंद हौसले
कौन तोड़ पाए हैं

एक ऊँची उड़ान
उड़ने की
सोच तो सही
पंख देखना
अपने आप निकल आएंगे!

मोक्ष के द्वार

मोक्ष द्वार सब, खुल जाएंगे
बिछड़े फिर, सब मिल जाएंगे
वह तलाशते हैं, मंज़िल को
हम रास्तों को मंज़िल बनाएंगे!

मेरी लिखी - कुछ पंक्तियां
आज भी कुछ दोहराएंगे
छुपी हुई इसमें आत्मा
मेरे बाद भी देख पाएंगे!

छूट गया, उसकी परवाह न कर
लौट के फिर, हम आएंगे
सपने संजोए, जीवन में
उसे पूरा कर जाएंगे!

अद्भुत है - तेरी रचना
सुख-दुख में मुस्कुराएंगे
कांटो में भी, फूल बन के
महक अपनी दिखलाएंगे!

हवा, तूफ़ान, अनजान शहर
सब तुमको अपना बनाएंगे
प्रेम करो, अपने से तुम
अमृत ही - बरसाएंगे!

तूफ़ानों से टकरा, के चल
असहाय को, अपना के चल
ग़ुरबत में मुस्कुरा के चल
मोक्ष द्वार - खुल जाएंगे!

जुम्मन मियां

रमेश "जुम्मन मियां" बन दौड़ा करते थे
सब को पीछे छोड़ा करते थे
आज वह- दौड़ रहा है
हम को पीछे, छोड़ रहा है

कभी औरों पर हंसते थे
आज ख़ुद पर, हंस देते हैं
अब सब दौड़ रहे हैं
हम को पीछे छोड़ रहे हैं

हमारे जल जाने से पहले
दुनिया क्यों, जल नहीं जाती
क्या बिगाड़ा था इसका
इतना भी क्यों नहीं बताती

कभी हम, बहुतों से आगे थे
आज बहुत हम से, आगे हैं
वक़्त होगा तो, रुक कर देखना
हम भी कितना भागे हैं!

कुछ हमने उनको न समझा
कुछ हमें वह समझ न पाए
बिना प्रवाह के चलते आए
आज वक़्त को हमारी परवाह नहीं!

शेयर

जज़्बात भी तेरे, ख़्यालात भी तेरे
जिसे न देखा ख़ुदा कहा - इंसान परखते रहे!

इंसानों की बस्ती है शोर तो होगा ही
ख़ुदा थोड़ी है, चुप बैठा रहे!

हज़ारों साल में आदमी, इंसान बन पाया है
उसे देखने ख़ुदा भी, ज़मीन पर आया है!

प्यार से ख़ुद को देखो तो ज़रा
छुपा ख़ुदा भी मिल जाएगा!

गुज़रते वक़्त के साथ, बहुतों को गुज़रते हमने देखा है
ठहरे वही जो- दिलों में मक़ाम रखते थे!

गुज़रे वक़्त में मत जिया करो
अपने साथ भी, तो कुछ रहा करो!

इंसान बनाने के करिश्मे को
तुम करिश्मा नहीं कहते
मदारी के खेल में करिश्मा देखते रहे!

ज़िंदगी अपनी अपने क़दमों पर चले, तो चला कर
लड़खड़ाने लगे तो, आसमानों पर वापस लौट आया कर!

शेयर

सुबह का मत इंतज़ार कर
रात आई है गुज़र भी जाएगी
मंज़िल मत तलाशने चल
मंज़िल अपने, आप आएगी!

पतझड़ से मत घबराओ
मौसम आया है, तो गुज़र जाएगा
परेशान होकर चलने की बात नहीं
मौसम वसंत भी तो आएगा!

न राजनीति - शतरंज होती है
न शतरंज ही - राजनीति
ज़मीर का क़त्ल कर, क्यों
इसे लोग - खेला करते हैं!

आंखें दिल की ज़ुबान बोलती न हो
ज़िंदा रहना, न रहना एक सा है!
सांस लेना बड़ी बात नहीं
ज़िंदा होना, अलग बात है!

गहनों से दुल्हन तो, अच्छी लगती है मगर
रूह का सजना - बड़ी बात है!

घर बड़ा था उनका, कितना और आराम देता
झोपड़ी में जाकर तो देख, शायद सुकून मिल जाए!

शहरों में अभिमान बढ़ा, गांव में बढ़ा प्यार
दोनों देखन मुड़ चले, डूब जाए संसार!

शेयर

अल्फ़ाज जो रूह से न निकले हों
उनमें कभी दुआ, नहीं होती
मेरे इम्तिहानों से जो निकली न हो
ऐ ख़ुदा, वह कभी ख़ुदा नहीं होती!

सांसों से ज़्यादा, एतबार करता था मैं
हमने उसे तख़्तो- ताज पहना दिया
उसने भी भरोसा, कम न होने दिया
जहां चाहा, हमें लुटा दिया!

राज़ जानना है तो सुनो
क्यों आज मुस्कुराए है
अभी-अभी तो अपने क़त्ल की
सुपारी जो देख कर आए हैं!

रूह का क़त्ल करके वह
क़ातिल, तलाशने जाते हैं
दर्पण उनसे दूर रखो
अभी इल्ज़ाम दर, क़ातिल लेकर आते हैं!

क़ातिलों का शहर है
लाशों का अंबार है
कोई तो पर्दादारी है
जो क़ातिल फ़रार है!

मैं समुद्र हूँ गहरा

मैं समुद्र हूँ गहरा, बहुत कुछ समेटे हुए
बरगद का पेड़ हूँ, अपने में वक़्त लपेटे हुए
मैं समुद्र हूँ गहरा..........................

मुझसे प्यार करते हो, तो ख़ुद को भूल जाओगे
उतरे हो क़सम खाकर, उतरते ही जाओगे
मैं समुद्र हूँ गहरा..........................

ज़िंदगी को समझना है तो समझ जाओगे
जब भी आईना बन अपने से आंख मिलाओगे
मैं समुद्र हूँ गहरा..........................

बूंद -बूंद में खोजते, बूंद ही बन जाओगे
बहुत गहरी है मेरी रचना, कैसे तुम जान पाओगे
मैं समुद्र हूँ गहरा..........................

हिमालय भी तो अक्सर, प्यार से ज़िंदा होगा
अगर न उठ सका चोटी तक, तो ख़ुद से शर्मिंदा होगा
मैं समुद्र हूँ गहरा..........................

यह सफ़र है पाने का, और पा के खो जाने का
फिर खाली हाथ जाने पर, क्यों शर्मिंदा होगा
मैं समुद्र हूँ गहरा.........................

ज़िंदगी जीने का, और जी के जाने का
किसने कहा है दुनिया, अपनी बसाने का
मैं समुद्र हूँ गहरा.........................

वक़्त बड़ा क़ीमती है मत गवाया करो दोस्तो
अपनों हालात को अक्सर, समझ जाया करो दोस्तो
मैं समुद्र हूँ गहरा.........................

ख़ुद को भूलने के लिए यह, क्या-क्या नशे करने लगे हो तुम
किन रास्तों पर चल कर आए, और किन रास्तों पर चलने लगे हो तुम
मैं समुद्र हूँ गहरा.........................

वक़्त बदला है बदलेगा ही

ज़िंदगी की धूप नंगे पांव लिये, धीरे-धीरे चलती रही
जितनी मंद गति से चलती, उससे बहुत तेज़ ढलती रही
निशान अनुभव के अक्सर, चेहरे पे छा जाते रहेंगे
हमने कुछ लेना नहीं उनसे, अहम् आपस में टकराते रहेंगे!

वक़्त आया है बुरा है, तो चला भी जाएगा
उलझनों में उलझा, तो कहां सिर सुलझ पाएगा
सूरज हमेशा सिर, पर कब खड़ा रहेगा
उम्मीदों से चढ़ा है, तो उतर भी जाएगा!

कहानी, किताब के किस्से, जहां भी सुनोगे, हमें पाओगे
सात रंगों में आसमान में, संवरने लगे हो
धूप होने दे सब के सब, बिखर जाओगे
निशान पक्के छोड़े जा रहे हैं, कभी तो चल कर आओगे!

लड़कपन से शुरू हुआ बड़ा भी हुआ
कभी उम्र का बोझ उठा न पाओगे
न चाह कर भी उसके, घर तक चले आओगे
ज़ख़्म गहरे हैं दिखाने, कभी तो लौट आओगे

आज को जी ले, आज ही में जी- पाओगे
कल किसने देखा है, तुम भी न देख पाओगे
मत कल के लिये, आज को भूला कर के जी
वक़्त बदला है बदलेगा, तुम भी बदल ही जाओगे!

कुछ देर ही सही, कश्ती किनारे लगानी पड़ती है

हादसों की उम्र लंबी नहीं होती
तूफ़ान आया है तो घबरा मत
कुछ देर रुक के गुज़र जाएगा
देखना है कि निशान ''कैसे'' छोड़ जाएगा
अमन चाहते हो तो क़ीमत चुकानी पड़ती है
न चाह कर भी कश्ती किनारे लगानी पड़ती है!

हालात कब एक से हुआ करते हैं
वक़्त बदलता है बदलेगा
बचपन, जवानी, बुढ़ापा, कब एक सा हुआ
ज़िंदगी की रिवायतें, तो निभानी पड़ती है
न चाह कर भी मझधार से निकाल
कुछ देर ही सही, कश्ती किनारे लगानी पड़ती है!

सैलाब कब तक रुका रहेगा
हर हाल में ज़िंदगी चलानी पड़ती है
कभी तेज़ कभी रुक के चला करो
न चाह कर भी ज़िंदगी हादसों से बचा
कुछ देर ही सही कश्ती किनारे लगानी पड़ती है!

शांत समुंदर भी हमेशा शांत नहीं रहता
ताकत उसे भी दिखानी पड़ती है
कभी-कभी किनारों पर बनी बस्ती भी
न चाह कर भी गिरानी पड़ती है
पुरानी ही सही पर, दुनिया की रस्म निभानी पड़ती है
कुछ देर ही सही, कश्ती किनारे लगानी पड़ती है!

जिसे जनून कह रही हो तुम
वही तो ज़िंदगी चला रहा है
वरना हर शख़्स जो अपने से मिला
मिलने की विरासत निभा रहा
सुकून पकड़ने को, तेज़ दौड़ लगानी पड़ती है
कुछ देर ही सही, कश्ती किनारे लगानी पड़ती है

शेयर

कितनी कहानियों को जिया है
तो एक कहानी बनी ज़िंदगी
सुनने की चाहत है तो
अगली बार लौट के आना!

ज़िक्र जब भी हुआ तेरा उनकी ज़ुबान से
आईना हम देखने लगते हैं
तू तो मेरे पास है
उन्होंने कैसे देख लिया तुम्हें!

उदासियों ने शहर को
इस क़दर घेर रखा है
कि हंसने के लिये भी
क़ीमत चुकानी पड़ती है!

मुझे तेरे सिवा कुछ नहीं चाहिये
तुम्हें मेरे सिवा कुछ नहीं
बस पर्दादारी है, पर्दे में रहा करो!

मौत के साथ जाने से कौन डरता है
दुनिया ने प्यार, जो इतना दिया है हमें
तेरा ख़्याल कौन रखेगा
बस यही डरा रहा है हमें!

शेयर

क़तरा-ए-आब, ख़ुद को समुदर समझ बैठा
तमाशा ज़िंदगी, ख़ुद को ज़िंदगी समझ बैठा!

अरमानों को बहुत ही सजाया हमने
जहां देखा बिखरा पाया हमने!

शायरी वह नहीं, जो दाद की मुहताज हो
ख़ुद ने न सुनी, तो बहरों को सुनाने का फ़ायदा क्या!

मैं को पाने डूब जाते तो अच्छा होता
हवा संग उड़ने का तमाशा तो न बनता है!

हमारा लिखा, दुनिया को समझ आने लगा है
बहरा जब से हां में हां मिलाने लगा है!

काश, मेरे मुझको समझ जाते
हमें दुश्मनों की कतार मैं न पाते!

क्या कहते हो, अंधे रास्ता नहीं दिखा सकते
राजनीति में चले जाओ

भूल जाओगे यह कहना
कि गूंगे-बहरे हां में हां, नहीं मिला सकते हैं!

ख़्वाबे- इश्क़ - हक़ीक़त न था
हक़ीक़त में वह - ख़्वाबे इश्क़ न था!

आज पता चला तू कण-कण में समाया है
कांप उठी रूह अपनी - यह किसे मारने पत्थर उठाया है!

कौन पाना चाहता है तुझे, देख ऐ रब
इबादत तेरी का हक़ - मेरे पास है
तुम्हें पाकर, उसे खोना नहीं चाहते!

शेयर

मेरी सुनते तो ज़िंदगी को समझ जाते वह
अपनी सुनाने में ज़िंदगी गुज़ार दी!

क़ातिलों से वफ़ा - करने लगे हैं
क्या करने आए - क्या करने लगे हैं!

अपनों से दूर चलूं, तो अपने से मिलूं मैं
कमबख़्त ख़ुद से मिलने भी नहीं देते!

झगड़ा तुम्हारा अपने से है
लोगों से, कायनात से, सब बेमानी
पहचानते ख़ुद को नहीं तुम
और उसके लिये, औरों से लड़ने लगे हो!

अपने को पहचाना होता, तो इश्क़ करते है
तुम को पहचानने में, उम्र गुज़र गई!

मेरी लाश सफ़ेद कपड़े में ढक के
कुछ अच्छा ही किया पहली बार- दुनिया
डर रहे थे तुम, खुली आंख से जाते हुए
हम तुम्हारा तमाशा, न समझ जाएं!

हम अपने को ठीक, सबको ग़लत बताने लगे हैं
इस तरह दोस्तों में, दुश्मनों की तदाद बढ़ाने लगे हैं

दुनिया में आए हो
हंस देना लाज़िमी है
फ़ैसला भी तुम्हीं को करना है
तुम ख़ुद पर हंसते हो - या दुनिया तुम पर!

हंसना तो बहुत चाहते थे
पर हंस न पाए
जख़्म जो गहरे लगे थे
हर बार दर्द, उबर आए!

हमारा हंस लेना भी, कहां उनको रास आता था
उनकी शर्तों का सामान, जो बाहर छोड़ा आता था!

कुछ तो उधार है तेरा, रब जो ज़िंदगी जी रहे हैं वह
हमारी हंसी छूट निकली
जब वह कहने लगे कि, उनसे कुछ उधार ले लूं!

ज़िंदगी इतनी ख़ुश-गुवार, कब रहने दी तुमने
कि कुछ और रुक जाते हम
ख़ुदा तुम्हें याद आया, मेरे जाने के बाद
पहले कर लेते तो, कुछ और ठहर जाते हम!

शेयर

मुद्दत के बाद मिले थे वह
पूछने लगे पहचाना हमें क्या?
हमने कहा साहब?
जिसमें खाक को
या जिसमें राख को
रूह तो किसी पहचान की मुहताज नहीं!

हंस देना शायद, बहुत जरूरी है
मकान हो, जा चाय की दुकान
बगीचा हो, या ख़ुला मैदान
जैसे सांसों का चलना ज़रूरी है
कर्ज, समझकर ही हंस लो, मजबूरी है!

तुमने चाहा ही नहीं, चाहने वालों की तरह
वरना हक़ीक़त में कहां मिलते
हम तो आखिरी सफ़र पर निकले थे
तेरे ख़ौफ़ ने पर्दे उठा दिए!

मेरा दर्द, तेरी दवा का काम करें
ऐसा इंसानों में फ़रिश्ता, बनने लगा तू!

तेरी चाहत, मेरे क़ाबिल न थी
मैं भी क़ातिल को, मेहरबान समझ बैठा

ज़मीर मर के ज़िंदा हो, मैं हैरान हूं
शहर में चलती- फिरती लाशों से परेशान हूं!

शीशे का घर

पत्थर हाथों में - सब ने उठा लिये
शीशे के घर जब से हमने बना लिये
संदल से बना उनका घर, जल जाने लगा है
मज़ा उनको मेरा घर तोड़ने में आने लगा है!

क़सम हमने खाई है, जो तुम्हें आज़माने की
तूने आदत बना ली है, हमें रुलाने की
मज़ा खेल में कुछ इस क़दर आने लगा है
मैं अपने ख़ुदा को, ख़ुदा मुझको आज़माने लगा है!

काश, अपनी सुनाते तो, सब समझ जाते हम
वो प्यार नहीं कुछ और था
जिसे अपनों ने
हमें अपने से मिलने न दिया!

औरों के साथ चलने में ज़िंदगी गुज़ार दी
काश अपने साथ चले होते
ज़िंदगी तो उसकी उधार थी!

ज़िंदगी, तुम्हें हम कहां खो गए हैं
तमाशा करते-करते, तमाशा हो गए हैं!

मुझे-मुझ सा कोई दिखा पाता नहीं
यही राज़ ज़माना - समझ पाता नहीं!

दुनिया तेरी हंसी देख मुस्कुराता मैं
तेरी हर बेढंगी चाल, को समझ जाता मैं
हर महफ़िल में खोजती रहेगी दुनिया
काश कुछ और रुक जाता में!

यह गिले-शिकवे, यह ग़म, यह जुदाई
कहां से इन्हें लेकर आए हो
महफ़िल में ख़रीदार हैं, बहुत इसके
तुम क़ीमत लगा कर तो देखो!

कुछ अनजाने में कुछ अनजानों में
रमेश बता दो क्यों ज़िंदगी गुज़ार दी
मक़सद उनके जीने का कुछ तो समझ आया
सांसों को तब हमने रूके पाया!

कुछ क़दम साथ चल के दिखा

वक़्त कहता है कुछ सुनाने को आ
हमने ख़ुद को अपने आज़मा लिया
तू भी ख़ुद को आज़मा के दिखा
कुछ क़दम ही सही साथ चल के दिखा!

कायनात तेरी है, जानता हूं इसे मैं
अपनी रचना में, तू जी के दिखा
मुझे मिलने के बहाने ज़मीन पर आ
कैसे जीते हैं लोग, कुछ मुझे भी समझा!

तुम मुझसे, मैं तुझसे कब जुदा हुआ
आज प्यार की बातें, समझा के तू जा
आसमानों पर रहना, कोई बड़ी बात नहीं
ज़मीन पर आ, कुछ क़दम चल के दिखा!

शहरों के शहर, आज ख़ामोश हो चले
आज फिर ख़ुशबू बनकर बिखर जा
कहानियों में क्या है, हक़ीक़त में चल के दिखा
ख़ुदा अपने घर से निकल - मेरे घर तक तो आ!

कभी-कभी हम, हंस लिया करते थे
आज तू भी आ और हंस के दिखा
तू हर जगह से दिखता है
कुछ क़दम अपने, मेरे क़दमों से मिला!

बरस गया सो बरस गया

आसमान जो ठहरा
झुकता ही जा रहा है!
इंसान तो जाते हुए भी
अकड़ दिखा रहा है!

हवा दूसरों के तन में
उतर के सांस बन गई!
अपने लिये जीने की आदत
इंसान की नहीं गई!

क्या कह रही हो, वह प्यार नहीं करते
बांट के तो देखो, वह उधार नहीं करते!

एक दौर था – कि सितमभर तो नहीं
मैं और मैंखाने में डूबे रहते
दौर क्या बदला शेयर अब
रूह में उतरते नज़र आते हैं!

मुझे अपनों ने अपनाकर
बहुत रुलाया है

जब भी छत माँगी
खुले आकाश तले पाया है!

कुछ मुश्किलें तो आनी थी
ख़ुद को आज़माने में
बहुत मज़ा आता है
अब लूटने से, लुट जाने में

ज़िंदगी उसकी मेरी भी तो है
वरना यादों में न यूं तड़पता!

बरस गया सो बरस गया
आसमाँ हो या अश्क आंखों से
दिल तो समझ ही लेगा
ख़ुशी में छलका है या ग़म में!

शेयर

ज़मीन सबकी नादानियों का
बोझ उठाकर भी, रुकती नहीं कभी
तुम बड़े क्या हुए, कहने लगे
ज़िंदगी और चलती नहीं!

चलती लहरों से पूछो
चलती है किसके सहारे
चंद पल क्या चले तुम
ढूंढने लगते हो किनारे!

सूरज ने भी कुछ दिन विराम
अगर कर लिया होता
तो बताओ, दिल पर हाथ रखकर, दोस्त
तू कितने दिन और जिया होता!

शिव, शिव न कहलाता
अगर गरल न पिया होता
आदमी- अपने से बाहर निकल
काश, औरों के लिये जिया होता!

विकट घड़ी है, टूटता विश्वास है
ग़ुरबत में मेरी माँ को
आज भी मुझ पर आस है
संकटमोचन बनेगा ऐसा विश्वास है!

ख़ुश बहुत हो रही हो, ख़ुद को देख कर
ख़ुदा दिख गया तो - बताओ क्या करोगे!

ख़्वाहिशें सिमट गई, उनको मनाने में
याद बहुत आने लगे हैं, हर अफ़साने में!

आज हमने, उनको पा ही लिया
और अपना वजूद तलाशने चल पड़े हैं!

मैंने उनको पाने में
अपनी ज़िंदगी गुज़ार दी
कुछ रोज़ बाद पता चला
चंद सांसें, भी उधार थी!

खो गया हूं, दुनिया की भीड़ में
अब जाऊं तो - कहां आऊँ मैं
खोजता रहता हूं सब के चेहरे
अपने वजूद को, कहां पाऊँ मैं!

तेरी शख़्सियत ने, मुझे इस क़ाबिल बना दिया
मेरे वजूद को - अपने में मिला दिया
अब तलाश में कहां जाऊँ मैं
हर जगह हर सांस में तुम्हें पाऊँ मैं!

ज़िंदगी की ख़ुशियों, हर किसी पर लुटाने लगे हैं
दिलों के लगे ज़ख़्म, जो देख पाने लगे हैं!

शेयर

किसी की मौत हमें भी कुछ मौत दे जाती है
इसलिये कभी-कभी, उनकी बहुत याद आती है!

हम ज़ख़्मों को न देखते हैं, न गिना करते हैं
यह जीने का अंदाज़ है, लोग बयान करते हैं!

कब कहां पर मौत दस्तक देगी पता नहीं
जानता हूं मगर, सांसों का व्यापार करता हूं!

आंखें मूंद लेता हूं, शायद वह नज़र न आए
ज़िंदगी तेरा जाते हुए भी, खुली आंख से इंतज़ार करता हूं!

जीना बहुत कुछ सिखा देता है
बशर्ते अपने पास रहे तो सही!

दूसरों के दर्द पर दर्द होने लगे
तो समझ लेना जीना आ गया है!

ताउम्र ज़िंदगी में हम दौड़ते ही रहे
दौड़ते ही रहे, बस दौड़ते ही रहे
और जुम्मन मियां को मज़ा
कुत्ते ''टाइगर'' को घुमाने में आ रहा है!

अन्धेरा तुम्हारा हम मिटा ही लेगे

आज कुछ बात बनती दिखाई देती है
आवाज़ अब अपनी भी सुनाई देती है
दौड़ते रहते थे मंज़िल के हम पीछे
रास्तों पर अब मंज़िल दिखाई देती है!

चले हैं तो सबको गले लगा ही लेंगे
निराश हो रहे हैं वो आशा जगा ही लेंगे
तुम साथ दो, या ना दो, हमारा कभी
हाथ पकड़ के, अपने पास बैठा ही लेंगे!

इंसानों की बस्ती, हमने इंसानों में बनाई है
तूने सिर्फ मंदिर, मस्जिद, गिरजे में सजाई है
तुम जिक्र जिसका करते थे हमसे कभी
उसे आसमानों से हम पास बुला ही लेंगे!

तुम चांद, क्या, सूरज तक पहुंचो, कोई बात नहीं
हम अंधेरे में अपना, दिया जला ही लेंगे
प्यार पाने तुम दौड़ते रहे हो, आकाश पाताल तक
हम अपने प्यार से सबको अपने, सहला ही लेगे!

अब मुश्किल- मुश्किल ही न रहेगी
राह उनको भी हम दिखा ही लेंगे
फ़िक्र अपनी करो, अपने पास आते तो बात थी
हम अपने आईने से नज़र मिला ही लेंगे!

हम रोशनी लिये चल रहे हैं ज़मीन पर
अंधेरा तुम्हारा भी हम मिटा ही लेंगे
तुम भी साथ चलते तो बात और थी
हम दुश्वारियों को रास्ते से हटा ही लेंगे

हर शै में ख़ुदा का होना भूल जाता है

दोराहे पर हर आदमी ख़ुद को खड़ा पाता है
जीता तो है मगर, हक़ीक़त में जीना भूल जाता है

सांस लेना आदमी की, फ़ितरत हो गई है
हवा का कर्ज़ भी है, बस यह भूल जाता है

मैं कि मैं में, जीता तो है मगर
अपनी पहचान अक्सर भूल जाता है

छुप- छुप के शहरों में चलता तो है मगर
अपने रास्तों में चलना भूल जाता है

यह किससे लड़ने, अकड़ने चला है आदमी
हर शै में, ख़ुद का होना भूल जाता है

बूंद बनने पर ही मचलने लगा है क्यों
ख़ुद समुंदर हूं, बस यह भूल जाता है

लंबे - अंतहीन सफ़र पर है निकला आदमी
क्यों रास्तों में, अपनी मंज़िल बनाता है

हमने ख़ुद को देखा रमेश, पर देर हो गई थी
नज़र ख़ुद से चुराता, आईना देखना भूल जाता है

सब मिलकर देखो

आसमान हमें बनाने का दावा करता है
हवा सांस चलाने का दावा करता है
सूरज की रोशनी भी कुछ मचलने लगी
ज़िंदगी बनाए रखने का दावा करने लगी!

धरती भी कुछ करवट बदलने लगी है
उसके बिना कैसा जीवन दावा वह करने लगी है
पानी भी कुछ उबाल खाने लगा है
उसके बिना ज़िंदगी, कैसी समझाने लगा है!

प्रकृति देख सब रूठ जाने लगी है
जीवन की शक्ति वह ख़ुद को बताने लगी है
माँ - बाप भी कहां तक चुप रह पाते
हमारे मिलन से उत्पति हो जाने लगी है!

किस-किस ने अपना हिसाब हमसे न माँगा
अपना-अपना क़र्ज़ सब याद कराने लगे हैं
हम भी अपनी पहचान कहां तक छुपाते
सबको अपने अंदर हम पाने लगे हैं!

आज कण-कण में जीवन चला रहा है कोई
सूरज हवा, पानी, धरती घुमा, रहा है कोई
आज उससे मिलने हम जाने लगे हैं
सबको सबका होना समझाने लगे हैं!

लुत्फ उसका उठाया करो

ज़िंदगी जीने आए हो
तो जी के जाया करो
क़दर कर बनाने वाले की
लुत्फ उसका उठाया करो!

रिश्तो में जीना सीख लो ज़रा
प्यार से हर रिश्ता निभाया करो
क़दर करो सदियों के अनुभव की
हद मत पार कर जाया करो!

दुनिया से हारे कोई बात नहीं
अंदर की लड़ाई जीत जाया करो
एहसास कुछ कम हो रहा है अपनों का
प्यार कुछ ज़्यादा बरसाया करो!

सिक्कों की खनक डुबो देगी
कान बंद कर बढ़ जाया करो
दूसरों को रास्ता दिखाने से पहले
ख़ुद में कुछ संभल जाया करो!

रो कर गुज़ार, हंस के गुज़ार
गुज़रता है गुज़र ही जाएगा
तू लाँघ सकता है हर मुश्किल
अकसर लंबी छलांग लगाया करो!

साथ चलते किसे देखा तूने
अपना ही साथ निभाया करो
अंधेरों से घबराना कैसा
अपना दीप बन जाया करो!

भगवान - आदमी

मेरी परछाई अपनी पहचान बनाने चली है
जी सकती हूं मैं अलग होकर भी
यह बात दुनिया को समझाने चली है!

मैं मुस्कुराता हूं और ख़ामोश हो जाता हूं
मुझ में ही मैं समा जाती तो अच्छा था
अलग पहचान से अपनी हस्ती मिटाने चली है!

आदमी ने भी अकड़ के क्या, पा लिया है
मैं ही मैं दिखता, आज आईना छुपा लिया है
यह कैसी परछाई, जो अंधेरा गले लगाने लगी है!

मेरी रचना आज, मुझे आंख दिखाने लगी है
कितने दिन और जी लेगी समझाने लगी है
ख़ुद को छोटा कर दिया मुझे भूल जाने लगी है!

प्यार ही मेरी काया है हर ओर फैली माया है
प्यार में डूबे बिना कैसे पार जाने लगी है
मझधार में अपनी कश्ती ख़ुद ही डुबाने लगी है!

चांद में जीवन देखने चला

चांद में जीवन देखने चला
बिना धरती का क़र्ज़ चुकाए
सूरज हंसता -तारे हंसे
अंबर तक है मुस्कुराए
ऐसे में बता दो कौन साथ तेरे आए

प्रकृति ने सब बना दिया
सांसों को तन में बिठा दिया
इसकी क़ीमत आंक न पाए
आगे बहुत दी दौड़ लगा
सब कुछ पीछे छूटा जाए

उसको भी पहचाना नहीं
ख़ुद को भी समझ न पाए
जीवन यूं ही बीता जाए
बरसों-बरसों तलाशता रहा
खाली हाथ लौट ही जाए

तन से रूह निकलती देख
पकड़ने को दौड़ लगाए

खाली तू आया खाली लौट जाए
बिन प्रश्नों को हल किये
जीवन दिया बिताए

उसका उसमें समा चला
अपना सब झूठ बताए
इस अंधकार में देखो मानव
प्यार की भाषा समझे बिना
तेज़ क़दम वह बढ़ाए

चलते रहे रमेश अब
कुछ भी हाथ न आए
समय रोकने वह चला
उसे रोक न पाए
अपने पास रुक के देखा
उसमें सब मिल जाए

इनके साथ है तेरी रवानी

यह आसमान यह चांद तारे
आंखों को लगे बहुत ही प्यारे
तुम इनको अपना सकते हो क्या?
छोटे से घर में बेठा सकते हो क्या?

यह सब तुम्हारी धरोहर ही है
उनको कहीं अपने पास बुला सकते हो क्या?
क्यों पीछे इनके दौड़ने लगे हो
और अपने को पीछे छोड़ने लगे हो

यह सूरज ज़मीन हवा और पानी
इनके साथ है तेरी रवानी
छोड़ो इन सब को जी के दिखा सकते हो क्या?
अकेले अमृत पी के जा सकते हो क्या?

उसकी रचना तुम्हारी भी तो है
अकेले सफ़र पर जा सकते हो क्या
कश्ती भले ही तुम्हारी अपनी होगी
किनारे पर तुम उसे ला सकते हो क्या?
बड़ा मन कर के चला तो करो
सूरज बन के सब पर एक सी किरण

तुम भी प्यार इस तरह सब पर
अपना बरसा सकते हो क्या?

तुम आत्मा भी हो परमात्मा भी
सारे संसार को अपना बना सकते हो क्या?
तुमने छोटी सोच से अपने को बंद कर लिया
प्यार बादलों से बरसा सकते हो क्या?

जमीन के आगे जा नहीं सकता

सफर कितना भी कर लूं
जमीन के आगे जा नहीं सकता
एक उम्र के बाद कितने भी गहरे हो
मैं रिश्ते खुद से निभा नहीं सकता।

बचपन जो नंगे पांव दौड़ आया था
चाह कर भी वापस भुला नहीं सकता
सब कुछ साथ रखने की चाहत तो है
कुछ भी इस घर से ले जा नहीं सकता।

सबको अपना बनाने की सोच तो रहा हूं
खुद को तो, अपना बना नहीं सकता
वक्त तूने दिया है, सीमा में बांधकर
चाह कर भी मैं उसे बड़ा नहीं सकता।

दोस्त, महफिल, रिश्ते सब अच्छे हैं मगर
हमेशा तो इसे मैं निभा नहीं सकता
कोशिश बहुत ने, बहुत कर ली रूके रहने की
घर अपना दुनिया, तुम्हें मैं बना नहीं सकता।

मैं खुद को, तेरी तराजू से तोलता रहा
डरा रखा था, ख़ुद को आज़मा नहीं सकता
तुमको छोड़कर, बगावत कर ली दुनिया
पता चला क्यों, खुद को अपना बना नहीं सकता।